Studien und Materialien
zum Straf- und Maßregelvollzug

herausgegeben von
Friedrich Lösel, Gerhard Rehn und Michael Walter

BAND 13

Bindungsstile
von gefährlichen Straftätern

Thomas Ross

Centaurus Verlag & Media UG 2001

Der Autor, geb. 1969, Diplom-Psychologe, studierte an der Universität Freiburg im Breisgau Psychologie mit Schwerpunkt Klinische Psychologie und promovierte 2000 an der Universität Ulm im Fach Human-biologie. Seit 1997 ist er wissenschaftlicher Angestellter in der Sektion Forensische Psychotherapie, Abt. Psychotherapie und Psychosomatische Medizin des Universitätsklinikums Ulm.

Der Autor dankt der Köhler-Stiftung in Darmstadt für die finanzielle Förderung dieser Untersuchung.

Die Deutsche Bibliothek – CIP-Einheitsaufnahme

Ross, Thomas:
Bindungsstile von gefährlichen Straftätern / Thomas Ross. –
Herbolzheim : Centaurus Verl.-Ges., 2001
(Studien und Materialien zum Straf- und Massregelvollzug ; Bd. 13)
Zugl.: Ulm, Univ., Diss., 2000
ISBN 978-3-8255-0329-1   ISBN 978-3-86226-311-0 (eBook)
DOI 10.1007/978-3-86226-311-0
ISSN 0944-887X

© CENTAURUS Verlags-GmbH & Co. KG, Herbolzheim 2001

Satz: Vorlage des Autors
Umschlaggestaltung: DTP-Studio, A. Walter, Lenzkirch

Vorwort

Seit Beginn der 90er Jahre hat sich die Diskussion über die Gefährlichkeit von Gewalt- und Sexualstraftätern europaweit und nicht zuletzt in Deutschland erheblich verschärft. International und national wurden die Strafmaße für solche Straftaten heraufgesetzt, und gleichzeitig wurde die bedingte Entlassung aus der Strafhaft ebenso wie aus dem Maßregelvollzug erheblich erschwert. Neu eingeführt wurden regelhafte prognostische Begutachtungen in Zusammenhang mit einer sog. Zweidrittel-Entlassung Strafgefangener sowie Therapieangebote für Strafgefangene während des Vollzugs und nach der Entlassung. Schließlich wurden die Möglichkeiten der Anordnung der Sicherungsverwahrung erweitert.

In der Diskussion über die Sicherheit der Allgemeinheit spielten Forderungen nach besseren prognostischen Instrumenten zur Vorhersage von Gefährlichkeit und zur Vermeidung von Rückfällen eine bedeutsame Rolle. Eine ganze Reihe von Zentren im In- und Ausland beschäftigt sich mit der Entwicklung und Erprobung solcher Instrumente, wobei man gegen viele dieser Instrumente einwenden kann, daß sie nur ein sehr statisches Bild der Persönlichkeit und Lebenssituation der Probanden entwerfen.

Dem gegenüber verfolgt das Projekt von Thomas Ross einen ganz anderen Ansatz. Zwar werden auch hier standardisierte psychodiagnostische Instrumente in Form von Fragebogen und Interviewverfahren eingesetzt, die dynamisch wirksame Faktoren, nämlich Bindungsmuster und Bindungsstile erfassen, auf deren Ergebnisse gestützt man jedoch spezifische therapeutische Interventionen planen und implementieren kann. Dies macht den besonderen Reiz der Arbeit von Thomas Ross aus, die bisher in Deutschland die einzige abgeschlossene und international die einzige Untersuchung über Bindungsmuster und Bindungsstile bei Gewalttätern mit so bemerkenswerten Vergleichsgruppen ist.

Die von Bowlby begründete Bindungstheorie konzeptualisiert unter Einbezug vielfältiger theoretischer Hintergründe die Entwicklung der Fähigkeit von Menschen, mit anderen auf verläßliche Art zu interagieren und sich im sozialen Kontext sicher zu bewegen. Bei vielen, die im Laufe ihres Lebens mit Gewalt- und Sexualdelikten auffällig werden, konnten sich diese Fähigkeiten nicht oder nur rudimentär entfalten, weil nicht nur in Schwellensituationen, sondern durchgängig oder wiederholt Mangelzustände herrschten oder andere Störfaktoren interagierten., die sich mit den hier vorgestellten Instrumenten gut diagnostizieren und deren aktuelle Auswirkungen sich in vielen Fällen therapeutisch erfolgreich bearbeiten lassen. Letzterem soll dieses Buch, dem ich viele Leser wünsche, dienen.

Friedemann Pfäfflin

5

Abkürzungsverzeichnis

AAI   Adult Attachment Interview

EBPR   Erwachsenen-Bindungsprototypen-Interview

FKK   Fragebogen zu Kompetenz - und Kontrollüberzeugungen

IIP-D   Inventar zur Erfassung interpersonaler Probleme

JV-Azubis   Auszubildende im Justizvollzugsdienst

JV-Beamte   Justizvollzugsbeamte

MWT-B   Mehrfachwahl-Wortschatz-Intelligenztest

NEO-FFI   NEO-Fünf-Faktoren Inventar

NI   Narzißmusinventar

Inhalt

Vorwort.. 5

Abkürzungsverzeichnis.. 6

1.	**Einleitung**..	**9**
1.1	Grundlagen der Bindungstheorie.................................	10
1.1.1	Bindungstheoretische Konstrukte.............................	11
1.1.2	Eigenschaften von Bindungsprozessen.....................	14
1.1.3	Methoden der Bindungsforschung............................	15
1.1.4	Stabilität des Bindungskonstrukts/Transgenerationaler Aspekt.........	17
1.1.5	Forschungsfelder der Bindungsforschung....................	18
1.2	Aggression und Gewalt..	23
1.2.1	Begriffsbestimmungen...	23
1.2.2	Erklärungsmodelle..	24
1.2.3	Gefährlichkeitsprognose...	29
1.2.4	Gewalt und Bindung..	33
1.3	Fragestellung und Hypothesen..................................	38
2.	**Methode**..	**41**
2.1	Stichprobe...	41
2.1.1	Untersuchungsstichprobe..	41
2.1.2	Vergleichsstichprobe I...	42
2.1.3	Vergleichsstichprobe II..	44
2.2.	Stichprobenbeschreibung..	44
2.2.1	Straftäterspezifische Merkmale................................	44
2.2.2	Allgemeine soziodemographische Merkmale...............	46
2.3	Durchführung der Untersuchung...............................	48
2.4	Untersuchungsmethoden...	50
2.4.1	Bindungsstile...	52
2.4.2	Soziodemographische Variablen..............................	55
2.4.3	Interpersonale Probleme..	58
2.4.4	Kompetenz- und Kontrollwahrnehmung.....................	59
2.4.5	Selbstregulation...	60
2.4.6	Persönlichkeitsstruktur...	61
2.5	Datenanalyse...	61
2.5.1	Vorarbeiten...	61
2.5.2	Statistische Analysen..	62

3.	**Ergebnisse**...	**65**
3.1	Bindungsstile..	65
3.1.1	Fremdbeurteilung des Bindungsstils...............................	65
3.1.2	Fremdbeurteilung des Prototypratings.............................	66
3.1.3	Selbstbeurteilung der Probanden..................................	70
3.1.4	Fremd- und Selbstbeurteilung im Vergleich........................	71
3.2	Soziodemographische Variablen....................................	73
3.2.1	Schulprobleme...	75
3.2.2	Substanzmißbrauch...	76
3.2.3	Erziehung..	77
3.2.4	Gewalterfahrung in der Herkunftsfamilie...........................	78
3.3	Interpersonale Probleme...	79
3.4	Kompetenz- und Kontrollwahrnehmung...............................	82
3.5	Selbstregulation..	85
3.6	Persönlichkeitsstruktur...	88
3.7	Differentielle Bedeutung von Bindungsstilen.......................	89
4.	**Diskussion**..	**96**
4.1	Methodische Einschränkungen.......................................	96
4.2	Ergebnisse...	97
4.2.1	Bindungsstile..	97
4.2.2	Soziodemographische Variablen....................................	101
4.2.3	Interpersonale Probleme...	104
4.2.4	Kompetenz- und Kontrollwahrnehmung...............................	106
4.2.5	Selbstregulation..	108
4.2.6	Persönlichkeitsstruktur...	109
4.3	Schlußfolgerung...	111
4.4	Ausblick...	111
4.4.1	Weitere theoretische Überlegungen.................................	111
4.4.2	Forensisch- therapeutische Implikationen..........................	114
5.	**Zusammenfassung**..	**116**
6.	**Literatur**..	**119**
7.	**Anhang**...	**149**

1. Einleitung

Die zentrale Bedeutung des Themas Aggression und Gewalt für das menschliche Zusammenleben ist unbestritten. Jeder aktiv im Leben stehende Mensch wird über die Medien tagtäglich mit den unterschiedlichsten Formen aggressiver und gewalttätiger Handlungen konfrontiert. Dabei ist die Wahrscheinlichkeit, selbst Opfer einer Gewaltstraftat zu werden, trotz dramatisierender Darstellungen absolut gesehen eher gering, denn Gewaltdelinquenz umfaßt nach Häufigkeit nur einen kleinen Teil der jährlich begangenen Straftaten (2,9% aller Delikte nach Polizeilicher Kriminalstatistik, 1998). Die Relevanz dieses Kriminalitätssektors liegt aber darin, daß es hier um schwere Verletzungen individueller Rechtsgüter geht, die zu dauerhaften körperlichen und seelischen Schädigungen, wenn nicht sogar zum Tod der Opfer führen können und deshalb auch ein besonderes öffentliches Interesse finden.

Der Rahmen der vorliegenden Arbeit wird im weiteren Sinn durch Grundlagen aggressiven und gewalttätigen Verhaltens gesteckt. Im einzelnen beschäftigt sie sich mit bindungstheoretischen Konstrukten als einer spezifischen theoretischen und methodischen Zugangsweise zu ätiologischen Vorbedingungen und motivationalen Faktoren, die zur Entstehung und Aufrechterhaltung gewalttätigen Handelns beitragen. Sie bewegt sich damit im Grenzbereich von drei wesentlichen Einflußgrößen, welche u.a. die derzeitige Diskussion zu Verlauf und Behandlung von Gewaltdelinquenz bestimmen, nämlich (1) der Grundlagenforschung zur Ätiologie gewalttätiger Verhaltensweisen, (2) der damit verbundenen Konzepte zur Risikoprognose und (3) der aus der Grundlagenforschung und allgemeinen Psychotherapieforschung ableitbaren Überlegungen zu praktikablen und erfolgversprechenden Interventionsstrategien im Rahmen forensischer Psychotherapie. Ziel der Arbeit ist es, einen Beitrag zur Identifikation und Beschreibung von Bindungsstilen bei gewalttätigen Straftätern im Kontext des in der Literatur beschriebenen Korpus kriminalprognostisch relevanter Faktoren für fortgesetzte Gewaltdelinquenz zu leisten.

1. 1 Grundlagen der Bindungstheorie

Seit Sullivans (1953) Arbeit zur interpersonellen Theorie und Learys (1957) Entwicklung des Circumplexmodells haben interpersonale Forschungsperspektiven und beziehungsorientierte Forschungsstrategien innerhalb der allgemeinen Psychotherapieforschung zentrale Bedeutung gewonnen. In diesem Zusammenhang hat sich die Bindungstheorie gegenwärtig zu einem wichtigen Konzept entwickelt. Die von (Bowlby, 1969, 1973, 1980) formulierte Bindungstheorie beschreibt die Grundlagen der frühkindlichen Beziehung zu den primären Bezugspersonen und deren Bedeutung für die soziale, emotionale und kognitive Entwicklung.

"What, for convenience, I am terming attachment theory is a way of conceptualizing the propensity of human beings to make strong affectional bonds to particular others and of explaining the many forms of emotional distress and personality disturbance, including anxiety, anger, depression, and emotional detachment, to which unwilling separation and loss give rise." (Bowlby, 1978, S. 1)

Im Kern dieser Aussage liegen folgende wichtige Intentionen, die Bowlby mit der Entwicklung der Bindungstheorie verfolgte, nämlich

1) einen Erklärungsansatz zu finden, warum Menschen dazu tendieren, selektive und stabile Bindungen zu anderen Menschen herzustellen, und
2) zu beschreiben, wie die Schädigung bzw. Bedrohung dieser Bindungen schmerzhafte Emotionen, unter Umständen Psychopathologie und nicht zuletzt auch delinquentes Verhalten verursachen kann.

Zentrales Anliegen der Bindungstheorie ist also die Beschreibung individueller Unterschiede in der Ausbildung der Bindungsorganisation, die sich als Reaktion auf unterschiedliche Bindungserfahrungen entwickeln, sowie deren Auswirkungen auf die Persönlichkeitsentwicklung.
Bowlby (1969, 1973, 1980) integrierte psychoanalytische, ethologische, kontroll- und lerntheoretische, kybernetische sowie experimentalpsychologische Ideen zu einer Theorie, die gegenwärtig großen Einfluß auf Forschungsbereiche in der Entwicklungspsychologie, klinischen Psychologie und Psychiatrie ausübt.
Die Bindungstheorie postuliert, daß Verhalten von miteinander in Beziehung stehenden Systemen ausgelöst und aufrechterhalten wird. Die beiden wichtigsten sind das Bindungs- und das Explorationssystem, die beide einen primären Charakter haben, d.h. angeboren sind. Beide Systeme sind von Geburt an aktiv in einem interpersonellen Kontext, d.h. sie erfordern eine oder mehrere Personen, die auf Ver-

haltenssignale reagieren. Bindungs- und Explorationsverhalten folgen überprüfbaren und vorhersagbaren Mustern.

Das Bindungsverhalten wird von spezifischen Bedingungen bzw. Umweltstimuli ausgelöst und von anderen wieder beendet. Bindungsverhalten bei Kindern wird durch das Auftauchen von externen Stimuli, z.b. durch plötzliche Trennung von einer Bindungsfigur, durch Dunkelheit, Lärm usw. ausgelöst, aber auch durch interne Auslöser wie Müdigkeit, Hunger, Krankheit oder Schmerz. Die Beruhigung des Bindungssystems, d.h. bei Wohlbefinden und dem Gefühl der Sicherheit, führt dann zur Aktivierung des Explorationssystems. Das Kind wird unternehmungslustig, sozial neugierig, spiellustig, explorativ (Grossmann & Grossmann, 1994; Grossmann et al., 1999).

Bindungsverhalten dient einer Überlebensfunktion und ist essentiell adaptiver Natur. Ein Individuum wird mit widrigen Lebensumständen mit Beistand einer anderen Person eher zurechtkommen als alleine, insbesondere wenn diese andere Person (z.B. im Falle von Kindern in Relation zu ihren Eltern) stärker und erfahrener in den Dingen der Welt ist.

Infolgedessen haben frühkindliche Bindungserfahrungen eine über das ganze Leben wichtige Funktion für die Persönlichkeitsentwicklung und - in manchen Fällen - auch für die Entstehung und Aufrechterhaltung von Psychopathologie (vgl. Dozier et al. 1999).

1.1.1 Bindungstheoretische Konstrukte

In Anlehnung an Bowlby betont Marrone (1998) weitere Aspekte der Bindungstheorie, welche

1. entwicklungspsychologische Überlegungen der Ätiologie normalen und pathologischen Verhaltens,
2. die Rolle der Feinfühligkeit als psychischem Organisationsmodus,
3. die Internalisation und Repräsentation der psychologischen Erfahrungswelt und
4. die Entstehungsbedingungen von Angstreaktionen betreffen.

1. Entwicklungspsychologische Überlegungen

Von Geburt an steht ein Kind mit wenigstens einer Bezugsperson in Interaktion. In dieser Interaktion spielt das Temperament des Kindes eine wichtige Rolle. Das Kind reagiert also nicht nur passiv auf Umweltgegebenheiten, sondern strukturiert die Verhaltensmuster seiner Bezugsperson(en) aktiv mit. Für Bowlby ist es vor allem der elterliche Stil (parental style), der eine gesunde versus psychopathologische Entwicklung des Kindes determiniert. Dieser elterliche Stil basiert normalerweise auf einem intergenerationalen Transmissionsprinzip, d.h. er kann von Generation zu Generation weitergegeben werden (Bowlby, 1969, 1973, 1980). Der Entwicklungspfad (developmental pathway), den ein Individuum nimmt, wird größtenteils determiniert von der Art und Weise, wie es die meist elterlichen Bezugspersonen behandeln, und dies nicht nur während der ersten Lebensjahre, sondern auch während der Kindheit und Jugend (Bowlby, 1985a).

2. Feinfühligkeit (sensitive responsiveness)

Eine weiterer wichtiger Anker der Bindungstheorie ist der Begriff der Feinfühligkeit (sensitive responsiveness). Dieser Fähigkeit wird eine wichtige psychische Organisationsfunktion zugeschrieben. Beeinflußt von empirischen Ergebnissen von Ainsworth (1967), ist damit die Fähigkeit eines Elternteils gemeint, emotionale Signale bzw. Wünsche des Babies zu erkennen, diese richtig zu interpretieren und adäquat und prompt auf sie zu reagieren. Fehlende Feinfühligkeit besteht z.B. dann, wenn die Bezugsperson die mentalen Zustände bzw. psychologischen Ausgangsbedingungen des Kindes mißinterpretiert, ignoriert oder es nicht schafft, das Kind in seinem Versuch zu unterstützen, positive mentale Zustände zu erreichen. Im späteren Leben wird dem Konzept der Feinfühligkeit eine wichtige Rolle im Aufbau von Selbstwert und Selbstintegration zugeschrieben (Ainsworth et al., 1974). Feinfühligkeit hat zwei wichtige Ausgangsbedingungen (Marrone, 1998): erstens die Fähigkeit, einen Zugang zu den mentalen Zuständen bzw. Prozessen zu gewinnen und zweitens, diese mentalen Zustände richtig interpretieren zu können.

3. Internalisation und Repräsentation der psychologischen Erfahrungswelt

Während der zweiten Hälfte des ersten Lebensjahres entwickelt das Kind die Fähigkeit, den Kontakt mit der Bindungsperson und die Nähe zu ihr zu regulieren (Bretherton, 1985; Greenberg & Speltz, 1988a). Kinder bauen sich im Kontext einer entstehenden Bindungsbeziehung Erwartungen über das Verhalten von sich selbst und dem anderen auf (Sroufe, 1988). Diese auf zwischenmenschlichen Erfahrungen basierenden Erwartungshaltungen nennt Bowlby (1969, 1973, 1980, 1995) "Innere Arbeitsmodelle" (Internal working models, Fremmer-Bombik, 1995; Main & Goldwyn, 1985). Innere Arbeitsmodelle stellen die subjektive Verarbeitung zwischenmenschlicher Erfahrungen und Interaktionen dar und nicht die objektive Realität.
Sie werden verstanden als mentale Repräsentation der Beziehung eines Individuums zu seiner primären Bindungsfigur (Sroufe, 1988). Als zentrale Bestandteile der

Persönlichkeitsstruktur dienen Innere Arbeitsmodelle der Verhaltenssteuerung und der Steuerung kognitiver Prozesse in interpersonalen Situationen sowie der Affektorganisation. Sie haben einen dynamischen Charakter und integrieren affektive, behaviorale und kognitive Erfahrungen, die den Bindungsstil einer Person formen (Fremmer-Bombik, 1995). Als Organisationsmuster der Vorstellungen von sich selbst, von Bindungspersonen und der Beziehung zu diesen gibt das Innere Arbeitsmodell einen Rahmen dafür, inwieweit jemand in Beziehungen Nähe und Sicherheit von einem Bindungspartner erwarten kann und inwieweit jemand sich selbst der Zuwendung, Liebe und Aufmerksamkeit wert fühlt, also Nähe zulassen kann. Das Modell ist prinzipiell offen für neue Erfahrungen und damit für Veränderungen, es beeinflußt aber die Verarbeitungsweise neuer bindungsrelevanter Umwelteinflüsse, so daß diese wiederum stabilisierend oder auch destabilisierend auf das Modell zurückwirken. Aus dem Konzept der Inneren Arbeitsmodelle kann die Konzeptualisierung der Bindungsorganisation als ein Konstrukt abgeleitet werden, das über die gesamte lebensgeschichtliche Entwicklung hinweg Gültigkeit behält (Fremmer-Bombik, 1995).

Eine klinisch besonders ausschlaggebende Annahme über das Wesen des Inneren Arbeitsmodells ist schließlich, daß sich das System nur in einer günstigen sozialen Umgebung adäquat entwickeln kann. In Abhängigkeit der Qualität dieser Umgebung entwickeln sich dementsprechend verschiedene Bindungsstile als Resultat der internalisierten Beziehungserfahrungen.

Bowlbys Konzept des Inneren Arbeitsmodells weist Ähnlichkeiten auf zu den Konzepten des "inneren Objektes" bzw. der "internalisierten Selbst- und Objektrepräsentanzen" der psychoanalytischen Objektbeziehungstheorien (z.B. Winnicott, 1965). Kognitiv-emotionale Schemata von sich selbst und anderen werden in psychoanalytischer Terminologie (Jacobson, 1964, Mahler et al., 1975) auch als verinnerlichte Objektbeziehungen oder als Selbst-Objekt-Affekt-Einheiten beschrieben (Kernberg, 1975, 1997). Ferner besteht eine konzeptuelle Verwandtschaft zum Konstrukt des Selbstkonzepts in der Gesprächspsychotherapie, des Schemas, Skripts oder persönlichen Konstrukts in der kognitiven Psychologie (Bowlby, 1969, 1973; Diamond & Blatt, 1994; Horowitz, 1991; Knapp, 1991) bzw. der von Stern (1985) beschriebenen "representation of interaction that has been generalized" (RIG; Berman & Sperling, 1994).

4. Entstehung von Angst

Innerhalb der Bindungstheorie bezieht sich Bowlbys Angsttheorie hauptsächlich auf den Verlust der zentralen Bezugsperson (Bowlby, 1980). Dieser Verlust beinhaltet aus einer ethologischen Perspektive ein biologisches Überlebensrisiko. Angst ist für Bowlby also eine Reaktion auf einen tatsächlichen oder drohenden Verlust der Bezugsperson, die sich dann in unsicheren Bindungserfahrungen niederschlägt. Im Laufe der Entwicklung müssen sich Angstreaktionen nicht mehr auf ein biologisches Verlustrisiko im konkreten Sinne beziehen, sondern vielmehr auf das psychologische Überleben des Selbst bzw. des drohenden Verlusts der psychischen Integrität. Das ist zum Beispiel häufig dann der Fall, wenn eine Person glaubt, nichts in den Augen einer anderen, für sie wichtigen Bindungsfigur zu sein.

1.1.2 Eigenschaften von Bindungsprozessen

Von anderen zwischenmenschlichen Beziehungsformen unterscheiden sich bindungstheoretische Vorstellungen durch eine Reihe spezifischer Eigenschaften. Fürsorgliche Elternfiguren spielen eine zentrale Rolle für den Aufbau einer sicheren Entwicklungsbasis (Bowlby 1969, 1973, 1977). Bindung oder "Attachment" bezieht sich auf die für diesen Entwicklungsschritt notwendige Beziehungsqualität zwischen der primären Bezugsperson und dem Kind.

Drei wichtige Charakteristika unterscheiden "Attachment" von anderen zwischenmenschlichen Beziehungsformen (Bowlby 1969, 1973, 1977, West et al., 1987).

1) Die Suche nach Nähe (proximity seeking)
Das Kind strebt generell danach, Kontakt mit seinen zentralen Bezugspersonen zu halten. Der Abstand zur Bezugsperson wird in ungewöhnlichen oder bedrohlichen Situationen reduziert.

2) Die sichere Basis (secure base effect)
Die Präsenz einer Bindungsfigur hilft dem Kind, Sicherheit aufzubauen. Diese Sicherheit ist Voraussetzung für die Aktivierung des Explorationssystems.

3) Protest (separation protest)
Wird der kontinuierliche Zugang zu einer Bindungsfigur unterbrochen, löst die resultierende Unsicherheit einen Protest aus, der auf die Wiederherstellung der emotionalen Sicherheit beim Kind abzielt.

Weitere zentrale Eigenschaften von Bindungsprozessen sind (Weiss, 1991):

4) Das Bindungssystem wird durch Angst aktiviert
Wenn sich Kinder bedroht fühlen, suchen sie die Nähe ihrer Bezugspersonen. In emotional sicheren Situationen werden die Bindungspersonen eher ignoriert bzw. als freundliche Spielgefährten betrachtet.

5) Spezifität der Bindungsfigur
Sobald sich eine Bindung zu einer Person entwickelt hat, nimmt diese im Bindungssystem eine zentrale Stellung ein. Diese Person dient als sichere Basis, und die Trennung von ihr löst Bindungsverhalten aus. Andere Personen erreichen nicht

die Stellung der primären Bindungsfigur und können nicht als Ersatz für den Verlust der zentralen Bezugsperson dienen.

6) Unbewußtheit

Bindungsbedürfnisse bestehen auch über die bewußte Betrachtung hinaus, z.b. existiert der Protest nach einer Trennung weiter, selbst wenn die Bindungsfigur unerreichbar geworden ist (z.b. durch Tod) oder andere Personen zur Verfügung stehen.

7) Dauerhaftigkeit

Bindungsbedürfnisse werden durch Habituationsprozesse nicht geschmälert. Bei Verlust einer Bindungsfigur bestehen Wünsche nach Wiedervereinigung weiter. Selbst wenn der Verlust akzeptiert wird, resultiert nicht ein Abklingen der Bindungsbedürfnisse, sondern eher Verzweiflung über das aussichtslose Streben nach Wiederherstellung der sicheren Basis.

8) Insensitivität der Erfahrungen mit der Bindungsfigur

Sobald sich von seiten des Kindes eine Bindung zu einer Bezugsperson entwickelt hat, scheint diese zu überdauern, selbst wenn die Bindungsfigur vernachlässigend oder mißhandelnd ist. Gefühle der Unzufriedenheit, Wut und Trauer treten zwar mit Bindungsbedürfnissen in Konflikt, aber in angstauslösenden Situationen bleibt zunächst weiterhin die Tendenz bestehen, Nähe zur Bindungsfigur zu suchen.

1.1.3 Methoden der Bindungsforschung

In Fortführung der Gedanken Bowlbys wurden Methoden erarbeitet, welche die theoretischen Konzepte von Bowlby prospektiv und retrospektiv operationalisieren und überprüfbar machen. Dazu gehört eine in den 70er Jahren von Ainsworth entwickelte mütterliche und väterliche Feinfühligkeitsskala (Ainsworth et al., 1974). Die Bindungsqualität von Kindern wird mit einer standardisierten Laborsituation, der "Fremden Situation" erfaßt (Ainsworth et al., 1978; Überblick bei Solomon, 1999).

Die Auffassung, daß die frühen Bindungserfahrungen die Beziehungsgestaltung des erwachsenen Individuums beeinflussen (Bowlby, 1980), führte schließlich zur Entwicklung einer Methode, die gegenwärtigen Bindungseinstellungen von Erwachsenen zu überprüfen. Das bedeutendste Instrument für die Untersuchung der Bindungsrepräsentationen von Erwachsenen ist das "Adult Attachment Interview" (George et al., 1985). Es ermöglicht die Differenzierung von bzw. die Klassifikation nach drei Bindungsrepräsentationen (Main, 1991; Main et al., 1985): autonom (positiv bzw. reflexive Bindungshaltung), unsicher-distanziert (defensive Bindungshaltung), unsicher-verstrickt (repressive Bindungshaltung), die konzeptuell und empirisch den Bindungsstilen in der Kindheit entsprechen. Diesen drei Bindungskategorien wurde später die Klassifikation "unverarbeitet/traumatisiert" hinzugefügt, da sich Verbindungen zwischen einem desorganisierten Verhalten der Kinder und dem Auftreten potentiell traumatischer Ereignisse in der Lebensgeschichte zeigten.

Die folgende Klassifikation von Bindungskategorien im Erwachsenenalter, erfaßt durch das Adult Attachment Interview, stammt von Main et al. (1985).

a) autonom
Bindungen werden als wichtig eingeschätzt, die Erzählung der Bindungsgeschichte zeigt Kohärenz, positive und negative Gefühle gegenüber den Eltern sind integriert, die Bindungsgeschichte wurde reflektiert und verarbeitet.

b) unsicher-distanziert
Personen mit unsicher-distanzierter Bindung erscheinen abgeschnitten von Bindungserfahrungen, haben ein idealisiertes Bild von den Eltern, gegenteilige Erinnerungen von fehlender Nähe und Zurückweisung erscheinen nicht integriert, die affektive Bedeutung negativer Erfahrung wird verleugnet, und der Schilderung fehlt es an Kohäsion. Sie präsentieren sich als unabhängige Erwachsene, denen Nähe wenig bedeutet.

c) unsicher-verstrickt
Die Erinnerungen unsicher-verstrickter Personen an ihre Kindheit sind überflutet, erscheinen verwirrt, inkohärent und unobjektiv. Diese Personen sind irrational in ihren Schilderungen und unfähig, beim Thema zu bleiben. Sie sind in ihre Beziehungsgeschichte verstrickt. Idealisierung, Wut und Abhängigkeitsgefühle stehen nebeneinander, und sie kämpfen noch immer um Anerkennung und Akzeptanz der Eltern. Negative Erfahrungen werden generalisiert und auf andere Beziehungen übertragen.

d) unverarbeitet/traumatisiert
Traumatisierte Menschen befinden sich in einem nicht abgeschlossenen Trauerprozeß über den Verlust der Bindungsfigur, und es gibt häufig Hinweise auf unverarbeitete Erfahrungen von Mißhandlungen oder sexuellem Mißbrauch.

Neben dem traditionellen Adult Attachment Interview (George et al., 1985) haben sich eine Reihe weiterer Methoden in der Bindungsforschung etabliert (Crowell et al., 1999). In Anlehnung an die Originalmethode haben Fremmer-Bombik et al. (1992) ein semistrukturiertes Interview entwickelt, mit dem man sichere und unsichere Bindungsstile identifizieren kann. Crowell (1990) entwickelte das Current Relationship Interview zur Erfassung der Bindungsrepräsentation bezüglich Partnerschaft. Basierend auf den Dimensionen des AAI entwickelten (Kobak et al., 1993) ein Q-Sort-Verfahren. Das Relationship Questionnaire von Bartholomew und Horowitz (1991) fokussiert in Fragebogenform auf interpersonale Beziehungserfahrungen, die selbst eingeschätzt werden müssen. Weitere Selbsteinschätzungsverfahren sind z.b. der Adult Attachment Styles Fragebogen von Hazan und Shaver (1987), mit dem das Erleben aktueller romantischer Beziehungen eingeschätzt wird, sowie die Adult Attachment Scale von Collins und Read (1990).

Eine Methode, die sich besonders mit dem Inhalt von Beziehungserfahrungen sowohl in der Kindheit, Adoleszenz und im Erwachsenenalter beschäftigt, wurde von Pilkonis (1988) konzipiert. Auf dieser Methode basierend, haben Strauß und Lobo eine leicht modifizierte deutschsprachige Version entwickelt (EBPR, Strauß & Lobo, 1999).

Jede der verschiedenen Methoden hat Stärken und Schwächen, und man kann nicht davon ausgehen, daß sie alle dasselbe messen. Ergebnisse aus Fragebogenverfahren oder Interviews bezüglich Bindung stimmen mit den Ergebnissen des AAI nicht überein und messen demnach etwas anderes, z.B. Erinnerungen an elterliches Verhalten (DeHass et al., 1994). Selbsteinschätzungsskalen, Fragebogen oder Ratingskalen, die sich auf den Inhalt beziehen, erfassen die bewußten Gefühle und Wahrnehmungen eines Individuums, nicht aber die unbewußten Anteile, die eine wesentliche Rolle im Konzept des Inneren Arbeitsmodells der Bindungstheorie spielen (Crowell & Treboux, 1995, Crowell et al., 1999). Die zuletzt genannten Autoren weisen deshalb, ohne den Wert einzelner Instrumente schmälern zu wollen, darauf hin, daß man genau darauf achten sollte, was man mit welchem Instrument mißt.

1.1.4 Stabilität des Bindungskonstrukts/Transgenerationaler Aspekt

Die Bindungstheorie geht davon aus, daß Bindungsqualitäten dauerhaft sind und lebenslang stabil bleiben. Sie werden allerdings nicht als statisch und unveränderbar aufgefaßt, was eine wichtige Voraussetzung für therapeutische Interventionen darstellt (Bowlby, 1988). Die Bindungsqualität zeigt in empirischen Untersuchungen Stabilitäten über mehrere Jahre hinweg: Die bis dato vorliegenden Ergebnisse von Längsschnittstudien belegen die relative Stabilität der Bindungsqualität zur Mutter im
Alter von einem bis 10 Jahren (Spangler & Zimmermann, 1995; Grossmann et al., 1999) und liefern erste Hinweise für den hohen prognostischen Wert, den die Bin-

dungserfahrungen bzw. Bindungsdefizite im ersten Lebensjahr für die emotionale und soziale Entwicklung des Kindes, sein Selbstbild und sein Selbstwertgefühl in späteren Entwicklungsphasen haben (Ainsworth, 1985; Bretherton, 1985). Besonders gut etabliert sind Stabilitäten bis zum sechsten Lebensjahr (Main et al., 1985; Wartner et al., 1994).

Auch der transgenerationale Aspekt der Bindung, der durch den statistischen Zusammenhang zwischen der Kategorie der jeweiligen Bindungsrepräsentation der Erwachsenen und der Kategorie der Bindungsqualität ihrer Kinder beschrieben wird, ist beträchtlich. Eine Metaanalyse von 18 Studien (N = 854) ergibt eine Übereinstimmung von 70% (van IJzendoorn, 1995).

1.1.5 Forschungsfelder der Bindungsforschung

Die Bindungstheorie wurde über viele Jahre von seiten klinischer Praktiker und Forscher weitgehend vernachlässigt. In den letzten Jahren hat sich ein von Bowlby allerdings schon in den 80er Jahren antizipierter bindungstheoretischer Boom entwickelt.

"Attachment theory is still growing. Its potential and its limitations remain unknown." (Bowlby, 1982, S. 27)

1.1.5.1 Allgemeine Forschungsfelder

Bei Erwachsenen hat sich die Bindungsforschung intensiv mit den Korrelaten individueller Unterschiede im Bindungsverhalten auseinandergesetzt. Der Zusammenhang von Bindungsmustern mit einer Vielzahl von Variablen konnte nachgewiesen werden. Mit Unterschieden in der Beziehungsqualität von Partnern beschäftigten sich Hazan und Shaver (1987). Einzelne Aspekte, wie z.B. Eifersucht und Furcht vor Intimität und Vertrauen, wurden mit den Bindungsmustern in Beziehung gesetzt.
Des weiteren gelang es Hazan und Shaver (1990), einen Zusammenhang der Bindungsmuster mit Merkmalen des psychischen und physischen Wohlbefindens nachzuweisen, z.B. mit Angst, Depression, Einsamkeit sowie allgemeiner körperlicher Befindlichkeit. Feeney und Noller (1990) sowie Collins und Read (1990) untersuchten den Einfluß von Bindungsstilen auf verschiedene Aspekte des Selbstwerts. Eine Studie über den Zusammenhang von Bindungsstilen und interpersona-

len Problembereichen liegt von Horowitz (1991) vor. Außerdem gibt es eine Reihe von Befunden zu Unterschieden in der Einstellung zur Arbeit (Hazan & Shaver, 1990) und zu Problemen am Arbeitsplatz (Hardy & Barkham, 1994).

1.1.5.2 Bindungsforschung und psychische Störungen

Die auf bindungstheoretischer Basis formulierten klinischen Vorstellungen betonen den hohen prognostischen Wert, den die Bindungserfahrungen bzw. Bindungsdefizite im ersten Lebensjahr für die emotionale, kognitive und soziale Entwicklung des Kindes, sein Selbstbild und Selbstwertgefühl in späteren Entwicklungsphasen haben (vgl. Übersicht: Rothbard & Shaver, 1994). Die Ergebnisse einer Metaanalyse von 33 empirischen Studien (van IJzendoorn & Bakermans-Kranenburg, 1996) zeigen, daß eine unsichere Bindungsorganisation und unverarbeitete traumatische Erfahrungen die Entstehung psychischer Störungen begünstigen. Vor dem Hintergrund eines Streß-Vulnerabilitäts-Modells kann die frühkindliche Bindungsqualität somit als prädisponierender Faktor für die Entstehung psychischer Störungen angesehen werden, der mit intraindividuellen und externen Risikofaktoren in Wechselwirkung steht (Lewis & Feiring, 1991; Dozier et al., 1999). Die Unfähigkeit, sich in einer Bindungsbeziehung sicher zu fühlen, ist ein wichtiges Korrelat psychischer Störungen (Bowlby, 1988). Es liegt mittlerweile eine Vielzahl empirischer Studien vor, die Bindungscharakteristika in psychiatrischen Populationen und bei spezifischen psychischen Störungen überprüften.

Patienten mit Depressionen haben im Vergleich zur Normalbevölkerung häufiger unsichere Bindungsstile (Carnelley et al., 1994; Harris & Bifulco, 1991; Fonagy, 1996). In der Studie von Carnelley sagte das Bindungsmuster die spätere Beziehungsfähigkeit genauer vorher als der Schweregrad der Depression. Agoraphobische Patienten wurden von De Ruiter und van IJzendoorn (1992) untersucht mit dem Ergebnis, daß diese Patienten im Vergleich zu psychisch unauffälligen Menschen überwiegend ambivalent gebunden sind (vgl. dazu auch Liotti, 1991). Auch bei schizophrenen Patienten fand sich ein hoher Anteil unsicherer Bindung (Tyrell & Dozier, 1997; Dozier, 1990; Dozier & Kobak, 1992).

Patienten mit Eßstörungen und Depressionen wurden von Kobak und Cole (1994) untersucht. Die Autoren fanden bei einer Kombination von Eßstörungen und depressiven Symptomen sowohl vermeidende als auch ambivalente Strategien (vgl. auch Cole-Detke & Kobak 1996).

In Verbindung mit anderen prädisponierenden Risikofaktoren postulieren Adam et al. (1994) Zusammenhänge zwischen dissoziativen Störungen und desorganisiertem Bindungsstil. Bei Kindern mit selbstdestruktivem Verhalten fanden die Autoren frühe Bindungserfahrungen, die durch Ablehnung, Mißhandlung und nicht selten auch durch den Verlust einer oder beider Elternteile gekennzeichnet waren.

Es liegen auch Versuche vor, bindungstheoretische Vorstellungen in die Forschung mit Opfern sexuellen Mißbrauchs einzubringen (Alexander, 1992). Traumatische Erfahrungen von Kindern in Familien, in denen sexueller Mißbrauch vorkommt, sind häufig und bilden sich oft in unsicher-desorganisierten Bindungsstilen ab (Alexander & Anderson, 1994; Lyons-Ruth, 1996; Lyons-Ruth & Jacobvitz, 1999). Als fruchtbar erweist sich die Theorie in der Differenzierung von Persönlichkeitsstörungen. Es wurde mehrfach empirisch bestätigt, daß Patienten mit Borderline-Störungen häufiger verwickelte Bindungsstile sowie Anzeichen unverarbeiteter Traumata aufweisen (Fonagy & Tallandini, 1993; Patrick et al., 1994). In einer Stichprobe von 85 psychiatrischen Patienten fanden Fonagy et al. (1995) einen Anteil von 90% unsicher gebundener Personen, darunter viele Borderline-Patienten mit Mißbrauchserfahrungen. Die antisoziale Persönlichkeitsstörung wird ebenfalls mit der unverarbeitet/traumatisierten Bindungskategorie in Verbindung gebracht (Rosenstein & Horowitz, 1996; Allen et al., 1996). Bindungstheoretische Konzepte bei der Erforschung der abhängigen Persönlichkeitsstörung untersuchten Livesley et al. (1990). West et al. (1994) versuchten eine genauere Differenzierung der abhängigen und schizoiden Persönlichkeitsstörung.

Angesichts der empirischen Befundlage ist anzunehmen, daß unsichere Bindungsstile störungsunspezifisch sind, d.h. sie spielen bei vielen neurotischen Störungen eine Rolle, und somit können aus dem Vorliegen eines bestimmten Bindungsmusters keine Vorhersagen über die jeweilige Erkrankung getroffen werden. Beim jetzigen Stand der Forschung läßt sich lediglich sagen, daß eine unsichere Bindung die Vulnerabilität für die Entwicklung psychopathologischer Störungen im Sinne eines Diathese-Streß-Modells der Psychopathologie erhöht (vgl. Strauß & Schmidt, 1997).

1.1.5.3 Therapeutische Implikationen

In einer empirischen Untersuchung über männliche jugendliche Delinquenten hat Bowlby (1946) auf die Verbindung zwischen "gefühllosen" Persönlichkeiten und früh gestörten Beziehungen und Bindungen hingewiesen. Zu psychotherapeutischen Möglichkeiten bei forensischen Patienten hat er allerdings nie explizit Stellung genommen.

Erst in den letzten 10 Jahren seines Lebens beschäftigte sich Bowlby mit psychotherapeutischen Implikationen seiner Theorie. Unter bindungstheoretischen Gesichtspunkten liegt ein wesentliches Ziel der Psychotherapie in der Aufarbeitung und Veränderung inadäquater und dysfunktionaler Arbeitsmodelle des Selbst in bezug auf wichtige Bezugspersonen (Bretherton, 1995). In seinem Aufsatz "Attachment, communication, and the therapeutic process" (1988) nennt Bowlby fünf konkrete Aufgaben des Psychotherapeuten:

1. Der Therapeut soll als sichere Basis fungieren.
2. Der Therapeut soll dem Patienten bei seinen Explorationen beistehen.
3. Der Therapeut soll dafür sorgen, daß die Beziehung zwischen ihm und dem Patienten kontinuierlich geprüft wird.
4. Wichtig ist, dafür zu sorgen, daß der Patient seine gegenwärtigen Wahrnehmungen und Erwartungen auf frühere Erfahrungen zurückführt.
5. Der Therapeut soll mit dem Patienten erarbeiten, daß seine Bilder oder Modelle von sich selbst und anderen für die Gegenwart und Zukunft inadäquat und nicht zu rechtfertigen sind.

Im Rahmen einer Bindungstherapie sollen Patienten in die Lage versetzt werden, ihre Repräsentationsmodelle von sich selbst und ihren Bindungspersonen zu erkunden, um sie neu zu evaluieren und neu zu strukturieren. Grundlage sind die neuen Erfahrungen, die Patienten in der therapeutischen Beziehung machen.

Bindungstheoretische Überlegungen und Ergebnisse der Bindungsforschung sind vor allem in den neunziger Jahren in die psychotherapeutische Theorie und Praxis eingeflossen (z.B. West & Sheldon, 1994; Sperling & Lyons, 1994; Slade, 1999). In den USA gibt es derzeit einige psychotherapeutische Interventionsprogramme für psychosozial belastete Kleinkinder und deren Eltern, die u.a. von bindungstheoretischen Konzepten geleitet sind (vgl. Übersicht: Lieberman & Zeanah, 1999). Mittlerweile gibt es einige empirische Studien, die belegen, daß Bindungsstile durch Psychotherapie grundsätzlich in Richtung sicherer Bindung beeinflußbar sind (Fonagy et al., 1995; Bliwise et al., 1996).

1.1.5.4 Bindungsforschung und Autoritätsglauben

Ein weiteres wichtiges Anwendungsgebiet fand die Bindungstheorie auf dem Feld der Religionspsychologie. Dabei wurden religiöse Erfahrungen und Verhaltensweisen aus psychologischer Perspektive betrachtet und einige Formen religiöser Verhaltensweisen als Bindungsprozesse konzeptualisiert (Kirkpatrick, 1997, 1999). Kirkpatrick läßt sich dabei von einigen auffälligen Analogien leiten, die sich in religiösen Verhaltensweisen widerspiegeln. Gemeint ist damit z.B. die Beziehung eines Menschen zu Gott, welche viele Ähnlichkeiten mit Bindungsprozessen in Eltern-Kind-Beziehungen aufweist.

Die Intensität des Bindungsverhaltens bei Kindern tritt im wesentlichen als Reaktion auf Umweltstimuli auf: (1) als Reaktion auf eine angstauslösende Situation, (2) wenn sich die Mutter entfernt (d.h. befürchtete Trennung von der primären Bindungsfigur) und (3) die tatsächliche Trennung von der Mutter (Bowlby, 1973). Es gibt einige Hinweise für die These, daß an vielen religiösen Verhaltensweisen analoge Bindungsprozesse beteiligt sind. Religiöses Verhalten, insbesondere die Zuwendung zu einer übernatürlichen Macht im Gebet, spielt gerade in Krisenzeiten, also unter subjektiv erhöhten Streßbedingungen, eine große Rolle (Argyle & Beit-Hallahmi, 1975; Spilka et al., 1985b). In Zeiten von Angst und Streß scheint die Zuwendung zu Gott eine Art psychischer Rückzug in einen sicheren Hafen (safe haven) zu bedeuten (z.B. O'Brien, 1982; Galanter, 1979; Duke, 1977). Gott kann auch als Ersatz für den Verlust einer Bindungsfigur, z.B. des Partners dienen (Haun, 1977; Parkes 1972). Außerdem ist bemerkenswert, daß in vielen Religionen und Religionsgemeinschaften die Trennung von Gott als größtmögliche Bedrohung wahrgenommen wird, die es in jedem Fall zu verhindern gilt. Ähnliches gilt für plötzliche Bekehrungen. In einer Studie von Galanter (1979) zeigte sich in diesem Zusammenhang, daß die meisten Personen der Stichprobe zum Zeitpunkt der Bekehrung schwerem emotionalem Streß ausgesetzt waren. Offenbar finden die meisten Bekehrungen in der Adoleszenz statt, d.h. in einem Alter, in dem Selbstfindung, Selbstrealisierung sowie die Suche nach dem Sinn des Lebens an Bedeutung gewinnen (Spilka et al., 1985a).

Aus bindungstheoretischer Sicht versteht man religiöses Verhalten als Wunsch, eine sichere Basis entweder zu etablieren oder zu erhalten. Das Konzept der sicheren Basis fungiert dabei als Gegenpol zu Furcht und Angst (vgl. Bowlby, 1973).

Es ist problematisch, zur Untermauerung dieser These Forschungsergebnisse über Religiosität und psychische Gesundheit heranzuziehen, da diese zum einen zu höchst kontroversen Ergebnissen geführt haben und zum anderen bindungstheoretische Fragestellungen und deren Operationalisierung selten Gegenstand von empirischen Untersuchungen geworden sind (Bergin, 1983; Kirkpatrick, 1997). Empirische Studien, die sich mit Gottesbildern bzw. Vorstellungen, die sich religiöse Personen von Gott machen, beschäftigen, tauchen in der Literatur seit den 50er Jahren auf. Es gibt Hinweise, daß ein hoher Selbstwert und ein positives Selbstkonzept von Probanden mit der positiven Sichtweise Gottes als liebender und unterstützender Vater einhergeht (z.B. Benson & Spilka, 1973; Jolley, 1983). Die bindungstheoretische Interpretation Gottes als wichtige Bindungsfigur in den Glaubenssystemen religiöser Menschen wird auch von faktorenanalytischen Studien unterstützt (Gorsuch, 1968; Tamayo & Desjardins, 1976). Ein dynamisches Modell, nach dem religiöses Verhalten auf grundlegende Beziehungserfahrungen zurückgeführt werden kann, wird von Kirkpatrick (1997, 1999) propagiert. Dazu entwickelt er folgende Hypothesen:

(1) Die Kompensationshypothese: Gott als Ersatzfigur für Bindungspersonen. Im Kern dieser These liegt der Gedanke, daß der Glaube an Gott eine oder mehrere Bindungsbeziehungen kompensiert, die in der Kindheit bei den eigenen Eltern bzw. bei anderen signifikanten Bezugspersonen nicht aufgebaut werden konnten. Für die Richtigkeit dieser These sprechen die Ergebnisse von Curb und Manahan (1985), Ullmann (1989) und Kirkpatrick (1998b).

(2) Die Korrespondenzhypothese: Gott als Fortführung der mentalen Repräsentation von interpersonalen Beziehungen.
Grundüberlegung ist hier, daß frühe Bindungserfahrungen und die daraus resultierenden Bindungsrepräsentationen einen direkten Einfluß auf die Überzeugungshaltung religiöser Personen bezüglich verschiedener Attribute Gottes ausüben. In diesem Zusammenhang fanden Kirkpatrick und Shaver (1992), daß Personen mit sicheren Bindungsstilen bezüglich der Liebespartner ein positiveres Gottesbild hatten als solche mit unsicher-vermeidender Beziehung.

1.2 Aggression und Gewalt

1.2.1 Begriffsbestimmungen

Zunächst ist es notwendig, Aggression und Gewalt voneinander abzugrenzen, da sich deren auf der Handlungsebene manifestierende Ausprägungsformen nicht gleichermaßen auf das strafrechtliche Sanktionssystem auswirken.

Die Aggressionsforschung hat eine Vielzahl von Definitionsversuchen ihres Gegenstandes vorgelegt. Dabei sind einzelne Definitionen abhängig von der jeweiligen theoretischen Grundrichtung, von deren Hintergrund der Gegenstand untersucht wird. Über verschiedene theoretische Ansätze hinweg wird Aggression meist als "zielgerichtete Kraft definiert, welche die Schädigung eines anderen zum Ziel hat" (Rauchfleisch, 1992, S. 11). Die lateinische Wurzel des "ad-gredi", des Herangehens, ist indessen nicht nur in einem negativen bzw. destruktiven Sinne zu verstehen, sondern umfaßt jegliche positive wie negative Bewegung hin auf Personen oder Gegenstände in der Außenwelt. Die Erscheinungsformen der Aggression, wie sie in verschiedenen Theorien beschrieben werden, sind dementsprechend vielfältiger Art und werden in Typologien verschiedener aggressiver Handlungen zusammengefaßt. Problematisch für die Klärung des Begriffs sind ferner die verschiedenen Analyseebenen, auf denen Definitionsversuche vorgenommen werden. Aggression als intrapsychische Dimension wird auch als Aggressivität bezeichnet, die sich auf Verhaltensebene durchaus unterschiedlich äußern kann (Steinert, 1996).

Vergleichbare Unklarheiten bestehen in Definitionsversuchen von Gewalt. Das deutsche Wort Gewalt leitet sich von der indogermanischen Wurzel "val" ab und heißt ursprünglich: Verfügungsfähigkeit haben. "Ob Gewalt im Einzelfall Unrecht bewirkt, läßt sich nicht an der Struktur der Gewalt selbst ablesen, sondern bestimmt sich erst durch hinzutretende Eigenschaften wie Hinterhältigkeit" (Ritter, 1974, S. 562ff.). Ursprünglich nicht als Rechtsterminus gebraucht und in seiner Vagheit unbestimmt, wurde Gewalt im Lateinischen unterschiedlich übersetzt und erhielt in der römischen Rechtsprechung dementsprechend verschiedene semantische Schwerpunkte, welche die Ambivalenz des Gewaltbegriffes bis heute prägen, z.B. "auctoritas", "potentia" gebraucht im Sinne von Macht, "violentia" im Sinne von Gewalttätigkeit (Ritter, 1974).

In dieser Arbeit werden Aggression und Gewalt im strafrechtlichen Kontext gebraucht, der Schwerpunkt liegt also auf krimineller Aggression und Gewalt, welche die intentionale Schädigung einer Person durch eine andere auf psychischer oder physischer Ebene impliziert. Der Autor versteht deshalb in Übereinstimmung mit Lösel et al. (1990) Gewalt als eine spezielle destruktive Form der Aggression. Mit der Aggression gemeinsam ist das "zielgerichtete Austeilen schädigender Reize", wobei es im Fall von Gewalt um ausgeübte oder glaubwürdig angedrohte physische und psychische Aggressionen geht, die sich in gezielter Weise gegen Menschen richten, ohne deren Bedürfnisse oder deren Willen zu berücksichtigen.

1.2.2 Erklärungsmodelle

Kriminologie, Psychologie und Soziologie beschäftigen sich mit einem breiten Spektrum möglicher Ursachen von Delinquenz und gewalttätigem Verhalten und siedeln dabei den Schwerpunkt kriminogener Faktoren neben dem Individuum auch in sozialen Bedingungen an, etwa im familiären Hintergrund, der Subkultur oder in ökonomischen Bedingungen (Hassemer, 1993; Monahan & Steadman, 1994; Monahan, 1997).

Indem die Bindungsforschung biologische, psychologische, psychoanalytische und systemtheoretische Ideen zu einer sozial-emotionalen Entwicklungstheorie menschlichen Verhaltens integriert und sowohl für normale als auch pathologische Entwicklungsprozesse empirisch überprüfbare Hypothesen generiert, bietet sie auch einen theoretischen Bezugsrahmen für die Ätiologie aggressiven und gewalttätigen Verhaltens. Eine Bindungstheorie gewalttätigen Verhaltens gibt es aber nicht, und Versuche, eine solche zu entwickeln, stehen erst am Anfang (vgl. Kap. 1.2.4). Im Folgenden werden einige theoretische Erklärungsmodelle von kriminellem und gewalttätigem Verhalten dargestellt und Verknüpfungsmöglichkeiten zur Bindungstheorie skizziert. Einschränkend sollte man beachten, daß die meisten Erklärungsmodelle nicht explizit auf gewalttätiges Verhalten als zu erklärende abhängige Variable eingehen, sondern generell auf kriminelles, d.h. nicht normkonformes strafrechtlich sanktioniertes Verhalten, von dem gewalttätiges Verhalten nur eine unter vielen Ausprägungsformen darstellt.

1.2.2.1 Biologische Theorien

Es gibt eine Reihe biologischer und soziobiologischer Kriminalitätstheorien, welche die Ursachen kriminellen und gewalttätigen Verhaltens im Individuum und letztlich in dessen genetischer Prädisposition ansiedeln (vgl. Übersichten: Shah & Roth, 1974; Wilson & Herrnstein, 1986).
Eine Kriminalitätserklärung, die Befunde zu integrieren sucht, welche auf genetische und neurophysiologische Prädisposition von Täterpersönlichkeiten hinweisen, ist die Theorie von Eysenck (Eysenck, 1977, 1980, Eysenck & Gudjonsson, 1989), der auch heute noch viel Aufmerksamkeit geschenkt und die deshalb kurz skizziert wird.
Sie verknüpft traitpsychologische, lerntheoretische und biologische Hypothesen und Ergebnisse zu einer Theorie der Soziopathie und persistenten Kriminalität. Eysenck geht vom Konzept der antisozialen Persönlichkeit aus, sieht diese jedoch nicht als eigenständigen Persönlichkeitstypus, sondern als extreme Ausprägungsform auf einem Kontinuum verschiedener Persönlichkeitsdimensionen.
Die interindividuellen Unterschiede auf den drei faktorenanalytisch gewonnenen Persönlichkeitsdimensionen Neurotizismus (N) (emotionale Labilität/Stabilität), Extraversion/Introversion (E) und Psychotizismus (P) (emotionale Unabhängigkeit/Unansprechbarkeit) sind nach Eysenck genetisch prädisponiert und durch neuroanatomische und neurophysiologische Unterschiede begründet.
Es gibt einige Arbeiten, die verschiedene Postulate der Theorie untermauern, z.B. niedriges kortikales Erregungsniveau, schlechte Konditionierbarkeit von Straftätern

sowie hohe Psychotizismusscores (Eysenck & Gudjonsson, 1989), allerdings besteht, wie bei allen biologischen und soziobiologischen Ansätzen, eine Vielzahl theorieimmanenter und methodischer Probleme (vgl. Amelang, 1986; Blackburn, 1987). Insgesamt sind empirische Befunde zu Eysencks Kriminalitätstheorie äußerst heterogen und umstritten, so daß von einer unzureichenden empirischen Unterstützung der Theorie ausgegangen werden muß (vgl. Blackburn, 1993). Die Bindungstheorie macht zwar keine direkten Aussagen zur Entwicklung kriminellen und gewalttätigen Verhaltens. Sie postuliert aber neurobiologische Grundlagen des Bindungs- bzw. Explorationssystems (Spangler & Schieche, 1994) und biologisch determinierte affektive Regulationsmechanismen auf psychologische Stressoren, wie z.b. Trennung und Verlust (Jonathan Polan & Hofer, 1999), die über psychophysiologische Mediatoren auf der psychischen Ebene Erwartungshaltungen erzeugen (Fox & Card, 1999). Auf diese Weise können sich unter ungünstigen Entwicklungsbedingungen dysfunktionale Innere Arbeitsmodelle von Beziehungen verfestigen, welche dann die Entstehung gewalttätigen Verhaltens erleichtern.

1.2.2.2 Psychologische Theorien

Psychologische Kriminalitätstheorien bewegen sich überwiegend auf der Analysee-bene des Individuums und seiner Interaktionen in kleinen Gruppen, z.B. in der Familie und in Peers.
Sie nahmen ihren Anfang mit der Frustrations-Aggressions-Hypothese (Dollard et al., 1939), deren einfache Form heute empirisch nicht mehr haltbar ist, von verschiedenen Autoren aber in jüngerer Zeit weiterentwickelt und dem empirischen Forschungsstand angepaßt wurde. Zwar werden Frustration und Aggression nach wie vor in einem kausalen Zusammenhang gesehen, die aggressionsfördernde Wirkung der Frustration aber als Funktion der Intensität des erlebten negativen Affekts verstanden (Berkowitz, 1989; Carlson et al., 1990) bzw. auf ein generell angehobenes Erregungsniveau zurückgeführt (vgl. Geen, 1990). Dabei hängt es von den spezifischen situativen Gegebenheiten und der Lerngeschichte einer Person ab, ob Aggression als Reaktionsalternative in Betracht gezogen wird oder nicht.

Den derzeit wohl bedeutsamsten psychologischen Ansatz der Kriminalitätserklärung bilden die Lerntheorien. Man nimmt an, daß kulturspezifisch abweichendes Verhalten nach den gleichen Prinzipien erworben und gegebenenfalls wieder verlernt wird wie andere Verhaltensweisen. Lerntheorien gehen von möglichst präzisen Beschreibungen des Problemverhaltens aus. Sie sind stärker auf beobachtbares Verhalten als auf latente Dispositionen gerichtet und widmen den aktuellen, situativen Verhaltensdeterminanten besondere Aufmerksamkeit. Dabei werden auch die Möglichkeiten und Bedingungen alternativer nicht-devianter Verhaltensweisen analysiert (vgl. Lösel et al., 1987).

Um dem Erlernen menschlichen Sozialverhaltens ausreichend Rechnung zu tragen, implizieren psychologisch orientierte Kriminalitätstheorien neben den bekannten allgemeinen Lernmechanismen der klassischen Konditionierung (Signallernen), Vermeidungslernen, operante Konditionierung und Modellernen, auch kognitive Faktoren (z.b. Mischel, 1973; Bandura, 1979a). Charakteristisch hierfür ist die Aggressionstheorie von Bandura (1979 b, c), welche Prozesse des Erwerbs (Beobachtungslernen, Bekräftigungslernen), der Auslösung (aversive Behandlung, motivierende Anreize, Modellwirkungen) und der Aufrechterhaltung (externe Bekräftigung, selbstregulative Prozesse) aggressiver Verhaltensweisen beschreibt.

Die Entwicklungstheorie des moralischen Urteils (moral reasoning) von Kohlberg (1981, 1984) wird vor allem zur Erklärung von Jugenddelinquenz herangezogen. Sie baut auf Piagets (1954) Vorstellungen zur heteronomen (autoritätsbezogenen) und autonomen (kooperationsbezogenen) Moral auf. Beide Autoren gehen davon aus, daß die Entwicklung des moralischen Urteils funktional abhängt von der Entwicklung des Denkens (operatives Niveau) und der Entwicklung sozial-kognitiver Kompetenz (etwa die Fähigkeit zur Perspektivenübernahme).

Ähnlichkeiten mit lerntheoretischen Modellen weist die Bindungstheorie insbesondere in der Konzeptualisierung der Inneren Arbeitsmodelle auf, die das Kleinkind durch Lernerfahrungen aus der Interakion mit der Bindungsfigur bzw. den Bindungsfiguren internalisiert (Schmidt & Strauß, 1996).

1.2.2.3 Psychoanalytische Theorien

Es gibt bis heute keine einheitliche psychoanalytische Theorie aggressiven und gewalttätigen Verhaltens bzw. der Kriminalität. Gleichwohl gibt es Ansätze, mit denen versucht wird, die entwicklungsgeschichtlichen Prozesse, die zu Kriminalität und Gewalttaten führen können, zu erklären (z.B. Marshall, 1983; Kline, 1987; de Zulueta, 1996; Cordess & Cox, 1996). Gemeinsam ist diesen Ansätzen, daß kriminelles Handeln als Ausdruck einer Persönlichkeitsstörung aufzufassen ist, deren ursächliche, wenn auch nicht unbedingt auslösende Bedingungen in frühen Beeinträchtigungen der psychischen Entwicklung gesehen werden. Solche Entwicklungsstörungen bestehen z.B. in traumatischen Erlebnissen oder Defiziten der sozialen Umwelt (früher Verlust der Eltern, Konflikte und Persönlichkeitsstörungen der Eltern, mangelnde emotionale Bindungsfähigkeit als Folge kindlicher Deprivation). Die frühen Arbeiten von Aichhorn (1925) sowie von Alexander und Healey (1935) bilden die Grundlage für die Unterscheidung zwischen Kriminalität aufgrund neurotischer Persönlichkeitsstruktur und Kriminalität infolge Verwahrlosungsstruktur. Vereinfacht ausgedrückt, werden bei der neurotisch bedingten Kriminalität ungelöste Konflikte zwischen verdrängten Triebansprüchen des Es und einem starken Über-Ich angenommen. Dabei ist das dominante Über-Ich häufig durch eine strenge und rigide elterliche Erziehungshaltung bedingt. Neurotische Kriminalität wird letztlich als Ausagieren der unerträglichen Konfliktspannung betrachtet. Den Straftaten schreibt man Symbolcharakter zu. Im Gegensatz dazu wird durch Verwahrlosung hervorgerufene Kriminalität von einem zu schwach ausgebildeten Über-Ich ermöglicht. Als Grundlage dieser Über-Ich-Pathologie werden frühe Entwicklungsstörungen postuliert, d.h. dysfunktionale Entwicklungsverläufe in der Mutter-Kind-Beziehung, die eine adäquate Gewissensbildung und Identifikation mit gesellschaftlichen Wertvorstellungen hemmen, können sich infolge einer dysfunktionalen Abwehrstruktur später u.a. in Straftaten manifestieren (De Boor, 1977). Dadurch wird sekundär auch das Lernen von Schuld- und Verantwortungsgefühlen bei Übertretung von gesellschaftlichen Normvorstellungen beeinträchtigt. Ein älterer Erklärungsansatz, der ein Verständnis dissozialer Entwicklungen bei emotional positiven Eltern-Kind-Beziehungen ermöglicht, ist das Konzept der Über-Ich-Lücken (Johnson & Szurek, 1969). Die Autoren weisen darauf hin, daß delinquente Kinder und Jugendliche latente dissoziale Impulse der Eltern ausagieren, die sie durch inkonsistente Erziehung, unbewußte Ermutigung und Beispielverhalten erfahren haben.

Redl und Wineman (1979) legen den Schwerpunkt auf Störungen des Realitätskonzepts bzw. auf Ich-Störungen aufgrund defizitärer Entwicklungsbedingungen, die u.a geringe Frustrationstoleranz und Konfliktbewältigungsfähigkeit, unangemessene Rationalisierungen und kausale Fehlschlüssen nach sich ziehen können. Auch in neueren psychoanalytischen Ansätzen steht die Ich-Pathologie im Vergleich zu Über-Ich-Beeinträchtigungen im Vordergrund (vgl. Cordess & Cox, 1996). Darüber hinaus konzentrieren sich einschlägig arbeitende Psychoanalytiker auf bei Straftätern häufige Abwehrmechanismen, wie Spaltung, Projektion und Projektive Identifizierung (Bateman, 1996). Unter Bezugnahme auf eine Vielzahl psychoanalytischer Ansätze stellt Reinke (1997) Thesen zum Entwicklungsverlauf des dissozialen Syndroms auf. Psychoanalytisch wird das dissoziale Syndrom dabei als eine spezifische Form des pathologischen Narzißmus betrachtet, wobei der emotionalen und sozialen Verwahrlosung im Kindesalter eine entscheidende Bedeutung zukommt. Die spezifische Störung des dissozialen Syndroms ist zurückzuführen auf das Scheitern von Einigungs- und Befriedigungssituationen des Individuums mit seinem bemutternden Objekt, so daß eine Befriedigung existentieller

Bedürfnisse nicht ermöglicht wurde. Hier liegt nach Reinke (1997) die Wurzel der fundamentalen Beziehungsstörung. Die Verwandtschaft dieses Ansatzes mit einigen zentralen Postulaten von Bowlbys Bindungstheorie ist nicht zu übersehen (vgl. Übersicht: Fonagy, 1999). Insbesondere die psychoanalytisch fundierte Interpretation von Straffälligkeit als Folge einer unbewußten Suche nach dem Vater kann in bindungstheoretische Konzepte sinnvoll eingeordnet und weiterentwickelt werden. Damit verbunden ist die Idee des Gefängnisses als Vater-Ersatz (Pecher, 1989).

1.2.3 Gefährlichkeitsprognose

Die Beurteilung der von einem Individuum ausgehenden Gefahren, die Prognostizierbarkeit zukünftigen individuellen Verhaltens sowie Strategien der Risikovorsorge und Risikobewältigung der von einzelnen Menschen ausgehenden Gefahren, stehen schon lange Zeit im Mittelpunkt der einschlägigen internationalen Diskussion.

Erste Prädiktorenkataloge, die dem Untersucher bei der Prognoseentscheidung behilflich sein sollen, wurden in den 20er Jahren erstellt (z.B. Burgess, 1928; ältere Literatur zusammengefaßt bei Leferenz, 1972) und kontinuierlich weiterentwickelt (vgl. Menzies & Webster, 1995; Rice & Harris, 1995). Mit dem Ziel der Verbreiterung der Befundgrundlage von Prognoseentscheidungen wurden für die Prognose von Gewaltstraftaten eine Reihe von Leitfragen formuliert (Monahan, 1981), an denen sich der Prognostiker bei seiner Aufgabe orientieren soll (z.B. Vorgeschichte mit Gewalthandlungen, die jeweilige Opferbeziehung, situative Gegebenheiten, individuelle Möglichkeiten zur Konfliktbewältigung etc.). Diese sind auf Risikostudien bezogen, die bei Monahan vorwiegend mit psychisch gestörten Straftätern durchgeführt worden sind und demnach nicht ohne weiteres auf allgemeine Prognosekonzepte übertragbar sind (vgl. Monahan & Steadman, 1994; Steadman et al., 1998). Auch in Deutschland wurden die klinischen Erfahrungen bei Prognoseerstellungen systematisch ausgewertet und die wesentlichen Aspekte in Kriterienkatalogen zusammengefaßt (Leygraf & Nowara, 1992; Nedopil, 1997; vgl. auch Kröber et al., 1993). Die Bestimmung prognoserelevanter Merkmale bei psychisch kranken Straftätern wurde in jüngster Zeit von Nedopil (1992), Gretenkord (1994), Nowara (1995) und Weber (1995) vorgenommen. Die Relevanz solcher prognosebezogenen Forschungen zeigt sich am deutlichsten bei Fragen nach den Prädiktoren und Risikokonstellationen für fortgesetzte Delinquenz (vgl. Andrews, 1995; Lösel, 1995; Gendreau et al., 1996).

Im allgemeinen scheint sich bei der Prognose von Gewaltdelinquenz ein Trend anzudeuten, statistische und klinische Vorgehensweisen im Sinne einer Kombination klinischer Urteile auf der Grundlage standardisierter Befunde heranzuziehen (vgl. Dahle, 1997; Volckart, 1997a; Nedopil, 1998).

Als weitgehend gesicherte Risikofaktoren für fortgesetzte Gewaltdelinquenz werden derzeit eine Vielzahl von biophysischen, biographischen und Persönlichkeitsfaktoren diskutiert (vgl. Borum, 1996; Brooks, 1992; Monahan, 1996; Monahan, 1997; Otto, 1992; Otto, 1994).

Die wichtigsten im Rahmen biologisch-physiologischer Risikoforschung diskutierten Risikofaktoren für fortgesetzte Delinquenz sind genetischer, physiologischer und biochemischer Natur. Es gibt eine Vielzahl empirischer Hinweise, daß antisoziales Verhalten Erblichkeitskomponenten aufweisen könnte (Carey, 1996; Gottesman & Goldsmith, 1994; Goldsmith & Gottesman, 1998). Wie hoch diese genetische Komponente ausfällt, ist allerdings unklar, und die angegebenen Erblichkeitskoeffizienten schwanken erheblich. Darüber hinaus gibt es auch eine Reihe methodischer Probleme, angefangen bei der unklaren Operationalisierung der abhängigen Variablen. Die meisten Erblichkeitsstudien beziehen sich auf Korrelate antisozialen Verhaltens, wobei diese einem breiten Definitionsspielraum unterliegen. Die Evidenz für die Erblichkeit gewalttätigen Verhaltens, was sich z.B. in den Straftatbeständen Mord, Totschlag, Raub, Vergewaltigung etc. manifestieren kann, ist allerdings sehr viel dürftiger und keineswegs eindeutig.

In einem Überblick von Carey und Goldman (1997) werden insgesamt nur drei Studien zitiert, die Gewaltstraftaten per se als abhängige Variable genetischer Einflüsse betrachten. Der Zusammenhang ist unbefriedigend und inkonsistent, so daß berechtigte Zweifel an einer direkten Abhängigkeit gewalttätiger Handlungen von genetischen Einflüssen bestehen.

In der aktuellen Debatte über psychophysiologische Korrelate antisozialen und gewalttätigen Verhaltens nimmt die These, daß antisoziale und gewalttätige Personen ein chronisch niedriges zerebrales Erregungsniveau aufweisen, einen wichtigen Platz ein. Psychophysiologische Erregungsmaße sind z.B. Herzrate, Hautleitfähigkeit, Reflexreaktionen und EEG-Messungen. Empirisch wurden Besonderheiten von antisozialen Personen in den genannten psychophysiologischen Indikatoren festgestellt, welche auf die Richtigkeit der Arousal-These hinweisen (Raine, 1993, 1996; Fowles 1993; Herpertz & Saß, 1997; Lösel & Bender, 1997).

Eng mit diesen Befunden verknüpft ist die theoretische Diskussion über die präfrontale Dysfunktion. Die Grundidee ist dabei, daß die Schädigung des Frontallappens zu antisozialem und gewalttätigem Verhalten prädisponieren könnte. Hieraus werden auch Überlegungen zu charakteristischen Persönlichkeitsveränderungen (z.B. hohe Impulsivität, Verlust intellektueller Flexibilität und sekundär beeiträchtigten sozialen Fertigkeiten) abgeleitet (Goyer et al., 1994; Tranel & Damasio, 1994; Raine et al., 1997). Die einflußreichste These der biochemischen Forschung, die aus neueren Befunden über die Zusammenhänge von Neurotransmittern und aggressivem bzw. gewalttätigem Verhalten beim Menschen resultiert, ist die sog. Serotonin-Hypothese. Die Mehrheit der neurochemischen Studien kommt zu dem Ergebnis, daß negative Korrelationen zwischen aggressivem und gewalttätigem Verhalten zur Serotoninkonzentration (bzw. Serotoninmetaboliten) im Gehirn bestehen (Cocarro et al., 1994; Coccaro, 1996; Berman et al., 1997; Berman & Cocarro, 1998).

Allen biophysischen Ansätzen der Risikoprognose für gewalttätiges Verhalten gemeinsam ist die Schwierigkeit, daß sie über die statistische Nennung allgemeiner Risikofaktoren hinaus kaum spezifische Aussagen über die Individualprognose eines Straftäters zulassen. Dieses Problem gilt zwar für alle statistischen Ansätze der Risikoprognose (vgl. Dahle 1997), in der klinischen Praxis liegen Gutachtern jedoch nur in den seltensten Fällen Informationen über biophysische Parameter eines Straftäters vor.

Wesentlich bedeutsamer als biologische und biophysische Faktoren für die Praxis der Risikoprognose sind deshalb Persönlichkeitsfaktoren, psychiatrische Auffälligkeiten und biographische Variablen, die vergleichsweise leicht erfaßt werden können.

Eine Reihe von Persönlichkeitsfaktoren werden mit Gewaltdelinquenz assoziiert. Für die Prognose zukünftiger Straftaten hat die Intelligenz offenbar prädiktiven Wert. Intelligenzgeminderte Straftäter begehen häufig Sexualdelikte, wobei pädophile Handlungen, Exhibitionismus und sexuelle Nötigung besonders oft vorkommen (vgl. Scheurer & Kröber, 1998).

Der Zusammenhang von Impulsivität und aggressivem und gewalttätigem Verhalten wird z.B. von Barrat (1994) sowie Webster und Jackson (1997a) diskutiert. Eine wichtige Moderatorvariable ist der fortgesetzte Substanzmißbrauch (Swanson, 1994; Hodgins, 1990; Yarvis, 1990). Weitere mit Gewaltpotential korrelierende Merkmale sind Feindseligkeit (Menzies et al., 1995), Defizite im interpersonalen Problemlösen (Blackburn 1993) sowie Zorn, Ärger und Gereiztheit (Novaco, 1994).

Es gibt eine beträchtliche Anzahl von Straftätern mit Gewaltdelikten, welche diagnostische Kriterien der Borderline-Persönlichkeitsstörung (vgl. Taylor, 1986; Gunn et al., 1991), der antisozialen Persönlichkeitsstörung und des Psychopathiekonzepts aufweist (Hare, 1991; Quinsey, 1995; Serin & Amos, 1995; Herpertz & Saß, 1997; Saß, 1998). Eine Metaanalyse über 18 Studien, die sich mit dem Zusammenhang von Psychopathie und gewalttätigem Verhalten befaßte , ergab eine

Effektgröße von .79 (Salekin et al., 1996). Im Maßregelvollzug bilden die persönlichkeitsgestörten Patienten die zweitgrößte Patientengruppe (Leygraf, 1988).

Unklar war lange Zeit die Assoziation zwischen psychiatrischen Erkrankungen, insbesondere schizophrener Psychosen und gewalttätigem Verhalten. Während ältere Untersuchungen (Böker & Häfner, 1973) hier keine Zusammenhänge sehen, gehen neuere Forschungen davon aus, daß das Vorliegen von psychiatrischen Erkrankungen als signifikanter Risikofaktor für das Auftreten von Gewaltdelikten gewertet werden muß und prädiktiven Wert für zukünftige Straftaten besitzt (vgl. (Steinert, 1996; Modestin, 1998; Monahan, 1997; Hodgins, 1992; Swanson 1994).

Es steht außer Frage, daß aversive frühe Entwicklungsbedingungen das spätere Auftreten dissozialer Verhaltensweisen begünstigen. Die familiären Umstände zwischen Jugendlichen, die Gewaltstraftaten begehen, und solchen, die das nicht tun, unterscheiden sich regelmäßig in vielerlei Hinsicht. Zu familiären Problemen zählen z.b. auch Verhaltensweisen der frühen Bezugspersonen, insbesondere schwere Erziehungsmängel oder Mißhandlungen und sexueller Mißbrauch. Als gesichert kann gelten, daß frühe Traumatisierungen (Gewalt, Mißhandlungen, sexueller Mißbrauch) mit einer Reihe von physischen und psychischen Störungen assoziiert sind (vgl. Überblick bei Egle et al., 1997). Antisoziale Verhaltensweisen scheinen um so gravierender zu sein, je desolater die Entwicklungsbedingungen im Kindesalter waren (Smith & Thornberry, 1995). Im DSM-IV (American Psychiatric Association, 1994) wird deshalb folgerichtig darauf hingewiesen, daß Kindesmißhandlung, Mißbrauch oder Vernachlässigung die Wahrscheinlichkeit erhöhen, daß sich im Erwachsenenalter antisoziale Persönlichkeitsstörungen entwickeln können.

In der Praxis der Kriminalprognose für fortgesetzte Delinquenz sind die wichtigsten biographischen Prädiktoren (1) Zahl der Vorstrafen, (2) unregelmäßige Arbeit, (3) Disziplinarstrafen in der Haftanstalt, (4) Art des Delikts, (5) Dissozialität oder Delinquenz im Elternhaus, (6) Frühes Alter bei erster Haftentlassung (Nedopil, 1988). Als weitere biographische Risikofaktoren werden u.a. instabile Beziehungsgestaltung (Klassen und O'Connor 1994; Swanson, 1994; Harris et al., 1993), Familienstand (Harris et al., 1993; West, 1982), Probleme im Schul- bzw. Arbeitsbereich (Harris et al., 1993; Andrews & Bonta, 1995; Hodgins 1994) und delinquente Peers (z.B. Farrington, 1991; Graham, 1988) diskutiert.

1.2.4 Gewalt und Bindung

Die Bindungstheorie bietet neben den obengenannten Anwendungsgebieten als theoretisch und empirisch fundiertes Verhaltenssystem eine theoretische Basis, auf der Ätiologie und Aufrechterhaltung gewalttätigen Verhaltens untersucht werden können. Bis in die 80er Jahre wurde die Bindungstheorie als theoretische Grundlage für eine empirisch basierte Entwicklungstheorie gewalttätigen Verhaltens jedoch vollkommen vernachlässigt (Bowlby, 1984; Symonds, 1984). Diese Entwicklung überrascht, kannte man doch aus Mains (1977) Forschung mit Kleinkindern, insbesondere bei einigen unsicher-vermeidend gebundenen Kindern, aggressive Verhaltensweisen gegenüber der Mutter, etwa Schlagen, Beißen oder andere Formen aggressiven Verhaltens. Soziale Interaktionen von vernachlässigten und mißbrauchten Kindern wurden von George und Main (1979) untersucht. Diese Kinder griffen andere Kinder doppelt so häufig an wie die Kontrollkinder. Die Kinder in dieser Studie waren aggressiver, gehemmter im Kontakt mit anderen Kindern und reagierten vermeidend auf freundliche Kontaktaufnahme anderer Kinder.

Im Rahmen von bindungstheoretischen Vorstellungen der Ätiologie gewalttätigen Verhaltens sind es vor allem Umwelteinflüsse, welche die Entwicklung von sicheren Bindungsrepräsentationen beeinträchtigen können und unter den Vorläufern von Verhaltensproblemen bei Kindern und Jugendlichen zu finden sind. Zu den wichtigsten gehören familiäre Stressoren (Spieker & Booth, 1988), Psychopathologie der Eltern (Campbell, 1993; Meyers et al., 1993) und ungenügende soziale Unterstützung (Crnic et al., 1986). Qualitäten, die mit sicherer Bindung assoziiert sind (z.B. Wärme, Feinfühligkeit, Interesse am Kind), sind offensichtlich grundverschieden von Verhaltensweisen, die Eltern von Kindern mit Verhaltensauffälligkeiten zeigen (Isabella & Belsky, 1991). Der durch einen großen Korpus empirischer Studien belegte Zusammenhang von besonders strengem elterlichem Erziehungsstil in Verbindung mit vernachlässigendem Verhalten und antisozialen Verhaltensweisen von Kindern wird von dysfunktionalen Repräsentationen interpersonaler Beziehungen beeinflußt (Olweus, 1984; Patterson & Stouthamer-Loeber, 1984).

Unter diesen Bedingungen dominieren auf der einen Seite negative Erwartungen der Elternfigur das Innere Arbeitsmodell des Kindes bzw. des Jugendlichen, andererseits prägen sich Selbstberuhigungsformen, die in normalen Eltern-Kind-Interaktionen aufgebaut werden, nur unzureichend aus. Das birgt das Risiko eines chronisch erhöhten Streßniveaus. Über inkonsistente Erziehungsformen sowie Art und

Schärfe von Bestrafung hinaus (vgl. McMahon & Forehand, 1988; Sampson & Laub, 1990), spielt auch die Abwesenheit von positiven und warmen affektiven Bindungen zwischen Kind und Elternteil eine wichtige Rolle in der Ätiologie von Verhaltensstörungen (Loeber & Stouthamer-Loeber, 1986; Pettit & Bates, 1989; Rutter, 1985a). Dagegen ist die Verstärkung positiver Beziehungskomponenten zwischen Eltern und Kind bei der frühzeitigen Behandlung von Verhaltensstörungen vorteilhaft (Speltz et al., 1990).

Im Rahmen der Bindungstheorie geht man davon aus, daß solche positiven Umwelteinflüsse die Fähigkeit eines Individuums zur Affektregulation verbessern. Von zentraler Bedeutung sind in diesem Zusammenhang weniger die konkreten Interaktionen zwischen Eltern und Kind als die Repräsentation der Eltern-Kind-Beziehung in der mentalen Welt des Kindes (Main et al., 1985). Eine sichere Bindung zu einer primären Bezugsperson steht mit besseren Beziehungen von Jugendlichen zu ihrer Peergruppe, besserer Selbstkontrolle und sozial verträglicherem Verhalten in den Vorschuljahren im Zusammenhang (Greenberg & Speltz, 1988b).

Als Resultat früher Trennungen von Kindern von ihren primären Bezugspersonen identifizierte Bowlby (1969, 1982) drei psychologische Stadien. Die erste Stufe einer typischen Abfolge von Reaktionen ist gekennzeichnet durch <u>Protest</u> (protest). In diesem Stadium zeigen Kinder akute Streßreaktionen, etwa Agitation, Schreien, Suchverhalten etc. Im Zustand der <u>Verzweiflung</u> (despair) breitet sich zunehmend Hoffnungslosigkeit aus. Das Kind zieht sich zurück und ist weniger aktiv. Eine längere Trennung führt schließlich zur <u>Auflösung</u> der Bindung (detachment). In diesem Stadium ist zwar eine oberflächliche Erholung vom Zustand der Verzweiflung zu erkennen, das Kind bleibt aber auch nach Wiedervereinigung mit der Bindungsfigur apathisch und zeigt kein normales Bindungsverhalten. Das Interesse an Gegenständen verstärkt sich, und die häufig nur oberflächliche soziale Kontaktaufnahme kann bei Kindern, die sich in diesem Stadium befinden, nicht über den fundamentalen Rückzug auf sich selbst hinwegtäuschen.

Erwachsene zeigen vergleichbare Muster, beispielsweise als Reaktion auf elterliche Trennung oder den Tod eines Partners (Weiss, 1975 Glück et al., 1974; Rutter, 1981).

In einer Studie mit 44 wegen Diebstahls verurteilter Personen hat Bowlby (1946) einen Versuch unternommen, das Konzept der Psychopathie mit einer biologischen Prädisposition und mit dem Verlust des mütterlichen Objekts zu verknüpfen. Gewalttätiges Verhalten primärer Psychopathen wird als zielgerichtet, zweckvoll und anscheinend emotionslos beschrieben (Hare & Cox, 1987; Meloy 1988b). Dieses Psychopathiekonzept findet sich auch im DSM-IV (American Psychological Association, 1994). Im Gegensatz dazu wird affektive Gewalt als Reaktion auf eine wahrgenommene Bedrohung verstanden, die von einem erhöhten emotionalen Erregungsniveau gekennzeichnet ist (Meloy, 1988a). Das Bindungssystem könnte nach Meloy (1988a) in sowohl geplante als auch ungeplante gewalttätige Aktionen involviert sein. Beiden Formen der Gewalt ist gemeinsam, daß Nähe und Kontakt zum Opfer aufgebaut wird (proximity seeking). Bei geplanten gewalttätigen Aktionen "sucht" der Aggressor die Nähe des Opfers, bei Affektdelikten hat häufig das Opfer den Täter aufgesucht, wobei die Nähe eine intensive und gewalttätige defensive Reaktion beim Täter auslöst.

Gewalttätiges Verhalten und Kriminalität sind für Bowlby (1946) Folgen eines gestörten Bindungssystems. Durch den pathologischen Aufbau von Bindungsbeziehungen wird bei delinquenten Personen zunächst Interesselosigkeit an und Gleichgültigkeit gegenüber anderen Menschen hervorgerufen und damit ein Hintergrund geschaffen, vor dem dann, in Kombination mit dem Wunsch, mit anderen in einen emotional bedeutsamen Austausch zu treten, der gewalttätige Akt einen dysfunktionalen und destruktiven Ausdruck gewinnt.

Erst Anfang der 90er Jahre begannen ernsthafte Versuche, bindungstheoretische Vorstellungen mit auslösenden Faktoren gewalttätigen Verhaltens in Verbindung zu bringen. Der bis heute elaborierteste Versuch der Formulierung einer Bindungstheorie gewalttätigen Verhaltens liegt von Fonagy (Publikation in Vorbereitung) vor. Im Mittelpunkt des Interesses steht hier die Frage, inwieweit Deprivation oder frühe traumatische Erfahrungen eines Individuums die Wahrscheinlichkeit beeinflussen können, Gewaltverbrechen zu begehen. Grundannahme ist die Verknüpfung des manifesten Sozialverhaltens eines Individuums mit mentalen Modellen von sozialen Beziehungen, die das Individuum im Laufe seiner Sozialisation konstruiert hat. Diese Modelle können zwar laufend modifiziert werden, sind aber dauerhaft von frühkindlichen Erfahrungen einer Person mit der primären Bindungsperson beeinflußt.

Der Zusammenhang zwischen Ablösung (detachment) - als Reaktion auf frustrierende Bindungserfahrungen in der Kindheit - sowie geplanten und affektiven Akten von Gewalttätigkeit, wird von Fonagy und Target (1996) diskutiert. Bei geplantem gewalttätigem Verhalten nehmen die Autoren an, daß das Bindungssystem (als eigenes Motivationssystem) auf die Zerstörung des Objekts ausgerichtet ist. Im Gegensatz dazu löst das Bindungssystem bei spontanen Akten eine defensive Reaktion gewalttätiger Art auf eine wahrgenommene Bedrohung aus, die begleitet wird von einem erhöhten emotionalen Erregungsniveau.

Neben der mütterlichen Zuwendung (sensitive responsiveness und maternal sensitivity) als Eckpfeiler für die Entstehung einer tragfähigen Mutter-Kind-Bindung, betont Fonagy (in Vorbereitung) die Rolle der "Mentalisierungsfähigkeit" (mentalising capacity) als Voraussetzung einer adäquaten Auseinandersetzung einer Person mit ihrer sozialen Umwelt.

Die Fähigkeit, Bewußtseinszustände Dritter erkennen und kognitiv sowie affektiv interpretieren zu können, hängt nach Fonagy auch unmittelbar mit der Fähigkeit zusammen, eigene Bewußtseinszustände reflektieren (reflective self function) und in ein kohärentes System der Bewertung eigenen Handelns (self-evaluation) einordnen zu können. Diese Fähigkeiten werden erlernt in einer für das Kind stabilen, vorhersehbaren und liebevollen Interaktion mit seiner primären Bezugsperson, und sie bilden die Grundlage der Entwicklung eines kohärenten Selbst (Fonagy & Target, 1996). Mentalisierungsfähigkeit und die Entwicklung eines kohärenten Selbst können nach Levinson und Fonagy (1998) einen hemmenden Einfluß auf gewalttätige Handlungen ausüben. Es ist zu vermuten, daß diese Voraussetzungen bei vielen Kindern, die später wegen gewalttätiger Handlungen strafrechtlich in Erscheinung treten, nicht gegeben sind.
Die Formulierung einer Bindungstheorie gewalttätigen Verhaltens gehört im Prinzip in den Kreis der Theorien der sozialen Kontrolle.
Dieser Überlegung geht die Annahme voraus, daß gewalttätiges Verhalten gegen andere Personen normalerweise von den schmerzhaften psychischen Konsequenzen einer Identifizierung, bzw. der mentalen Repräsentation des psychischen Zustands des Opfers gehemmt wird. Damit geht auch das Bewußtsein der Bewertung einer Gewalttat durch andere, für die agierende Person wichtige Individuen, einher. Die Mentalisierungsfähigkeit wird hier letztlich als Vorbedingung für Sozialisationsprozesse gesehen: die Internalisation von Regeln und Werten und deren Integration in ein kohärentes System der Selbstevaluation (Bandura, 1991).

Es gibt vier Möglichkeiten, wie fehlende Mentalisierungsfähigkeit zu gewalttätigem Verhalten führen kann (Fonagy in Vorbereitung):

(1) Das Konzept der Mentalisierungsfähigkeit ist ein wichtiger Bestandteil des Selbst-Bewußtseins einer Person. Daraus läßt sich ableiten, daß diejenigen, die keine ausreichende Fähigkeit besitzen, mentale Zustände anderer zu erkennen und adäquat zu interpretieren, auch eine geringere Fähigkeit aufweisen werden, eigene Bewußtseinszustände zu evaluieren und zu verstehen. Ohne diese Grundlage fehlt die Basis, vor deren Hintergrund sich ein Verantwortungsgefühl für das eigene Handeln entwickeln kann. Zudem könnte die Bewußtmachung der mentalen Zustände anderer bei Personen mit fragilen Selbstrepräsentationen sehr viel bedroh-

lichere Eigenschaften aufweisen als bei Personen, die normale Beziehungserfahrungen gemacht haben.

(2) Die Fähigkeit zur Mentalisierung ist von großer Bedeutung für die Antizipation
der Konsequenzen eines Verhaltens. Ist die Mentalisierungsfähigkeit einer Person
eingeschränkt, so werden die psychologischen Konsequenzen des gewalttätigen
Aktes entweder mißinterpretiert oder sogar vollkommen ausgeblendet.

(3) Als Konsequenz der fehlenden Mentalisierung von psychischen Prozessen bei
Interaktionspartnern werden unter Umständen Bewußtseinsvorgänge erleichtert, die
zur Entwertung und Dehumanisierung des Opfers führen und damit die psychologische Basis schaffen, die andere Person wie ein Objekt zu betrachten.

(4) Möglicherweise werden aufgrund einer verminderten metakognitiven Kapazität
Handlungsabläufe selektiv so uminterpretiert, daß sie für die gewalttätige Person
sozial akzeptabel werden.

Gewalttätige Handlungen haben für Personen mit eingeschränkter Mentalisierungsfähigkeit adaptiven Wert (Fonagy & Target, 1995). So mag die konkretistische Verarbeitung von emotionalen Eindrücken im Kontext von sozialen Interaktions-
prozessen eine Situation schaffen, in der für ein Individuum der Eindruck erweckt
wird, daß durch die Zerstörung des Objekts, von dem etwas Unangenehmes aus-
geht, eben diese aversive Kognition beseitigt werden kann.
Aggressives Verhalten könnte somit als Abwehrprozeß verstanden werden, mit
dem das Selbst vor Gedanken, Eindrücken und Phantasien geschützt werden muß,
mit denen es durch mentale Aktivität bzw. Manipulation nicht zurechtkommen
kann (Fonagy et al., 1993).

Fonagys theoretische Annahmen werden u.a. von empirischen Ergebnissen seiner
Arbeitsgruppe unterstützt. In einer klinischen Stichprobe von Borderline-Patienten
fand sich ein hoher Prozentsatz unsicherer Bindungsklassifikationen (Fonagy &
Target, 1996). Bemerkenswert ist die Häufung schwerer unverarbeiteter Traumata
aus der Kindheit dieser Patienten.

Bindungsstile von aggressiven jugendlichen Straftätern wurden von Gurevich
(1996) erfaßt. In dieser Studie fanden sich entgegen der Hypothesen der Autorin
allerdings keine Zusammenhänge zwischen Anzahl von Verurteilungen und Schweregrad des Delikts mit der Bindungssicherheit zu primären Bezugspersonen. Erste
Ergebnisse zu Bindungsstilen bei Sexualstraftätern liefern Ward und Hudson
(1996) sowie Jamieson (1997). In beiden Untersuchungen war entsprechend der
Erwartungen der Autoren die Mehrzahl der Sexualstraftäter unsicher gebunden.
Untersuchungen über den Zusammenhang von Bindung und Persönlichkeits-

störungen liegen von Fonagy et al. (1996) und Van IJzendoorn et al. (1997) vor. Die Autoren fanden praktisch keine sicheren Bindungsstile bei einer Stichprobe von 40 persönlichkeitsgestörten Patienten im Maßregelvollzug. Die Abwesenheit von Bindungsfiguren in der Kindheit hing sowohl mit der Bindungsunsicherheit zum Zeitpunkt der Untersuchung als auch mit dem Ausprägungsgrad der Persönlichkeitsstörung zusammen.

Deutliche Zusammenhänge zwischen bindungsrelevanten Faktoren und dem Auftreten körperlicher Gewalt von Männern gegenüber ihren Partnerinnen werden von Kesner (1994) berichtet. Unter gewalttätigen Männern in Partnerschaften ist die unverarbeitet/traumatisierte Bindungskategorie überrepräsentiert (Holzworth-Munroe et al., 1997). Eine Untersuchung zu allgemeinen Zusammenhängen von Bindung und Straffälligkeit wurde von Mawhorr (1992) durchgeführt. Die Autorin fand einen schwachen, aber signifikanten Zusammenhang zwischen der Bindungsqualität von Jugendlichen und der Häufigkeit krimineller Handlungen. In einer Studie von Craft (1995) war die Bindungsqualität von Jugendlichen zu ihren Eltern und die von ihnen erfahrene soziale Unterstützung negativ mit der Schwere des Delikts korreliert, nicht jedoch mit der Gesamtzahl der begangenen Gewaltstraftaten.

Trotz dieser Anzahl von Einzelbefunden, die nunmehr in diesem Bereich vorliegen, steht das Bemühen um empirisch abgesichertes Wissen über den Zusammenhang zwischen spezifischen Bindungserfahrungen, delinquentem bzw. gewalttätigem Verhalten sowie der Ausbildung von Persönlichkeitsstörungen aber erst am Anfang (Übersicht bei Fonagy & Target, 1996). Charakteristisch für den theoretischen und empirischen Aufholbedarf zum Zusammenhang von Bindung und Gewalt ist der Rahmen, der dem Thema auch in den aktuellsten einschlägigen Überblickswerken gesteckt wird. So sind es im Handbook of Attachment (Cassidy & Shaver, 1999) gerade einmal fünf aus insgesamt fast 900 Seiten, die explizit dazu Stellung nehmen. Zum gegenwärtigen Zeitpunkt ist in Deutschland keine einzige empirische Studie veröffentlicht, die den Zusammenhang von Bindungsstilen und gewalttätigem Handeln bzw. Gewaltstraftaten untersucht.

1.3 Fragestellung und Hypothesen

Die Begründung für die Fragestellung der vorliegenden Arbeit stützt sich auf die unzureichende empirische Datenlage. Die übergeordnete Frage, die beantwortet werden soll, lautet:

(1) Lassen sich in einer Stichprobe von Gewaltstraftätern charakteristische Bindungsstile identifizieren, die sich von jenen strafrechtlich unauffälliger Vergleichsgruppen unterscheiden?
Ziel ist die Identifikation und Beschreibung von Bindungsstilen gefährlicher Straftäter.

(2) Inwiefern läßt sich die Gruppe gewalttätiger Straftäter über die Bindungsstile hinaus im Hinblick auf kriminalprognostisch relevante Faktoren einordnen?.
Zur Beantwortung dieser Frage werden der soziodemographische und familiäre Hintergrund sowie Persönlichkeit, interpersonale Probleme und Beziehungsgestaltung, Selbstkonzept und Selbstregulation des Probanden untersucht. Aus Vergleichszwecken werden diese Daten auch in den strafrechtlich unauffälligen Personengruppen erhoben.

(3) Wie ist die differentielle Bedeutung der Bindungsstile im Hinblick auf die oben beschriebenen kriminalprognostisch relevanten soziodemographischen und Persönlichkeitsvariablen? Die Frage wird exploriert und weiterführende Thesen dazu entwickelt

Im Folgenden wird gemäß den zugrundeliegenden Fragestellungen die Hypothesenbildung im Einzelnen dargestellt.

Hypothese 1:
Die Gruppe der Straftäter weist häufiger unsichere Bindungsstile auf als die beiden Vergleichsgruppen.

Die Unterschiede zwischen den Gruppen werden sich in einer unsicheren Beziehungsgestaltung, größerem Streben nach Autonomie und emotionaler Ungebundenheit der Straftäter im Vergleich mit den beiden Vergleichsgruppen manifestieren.

Hypothese 2:
Im Gruppenvergleich finden sich in der Vorgeschichte von Straftätern mehr Schulprobleme, häufiger Substanzmißbrauch, häufiger erzieherische Diskontinuität (häufiger längere Trennungszeiten von den Eltern als Kind, mehr Heimaufenthalte), mehr Gewalt- und Mißbrauchserfahrungen in der Herkunftsfamilie als in den Vergleichsgruppen.

Hypothese 3:
Die Straftätergruppe hat größere Probleme in der Organisation und Gestaltung interpersonaler Beziehungen als die nicht straffälligen Gruppen.

Hypothese 4:
Die Gruppe der Straftäter hat weniger Vertrauen in die eigenen Fähigkeiten, hat weniger Selbstvertrauen und zeigt häufiger externale Kontrollattributionen als die Vergleichsgruppen.

Hypothese 5:
Zwischen den drei Gruppen gibt es Unterschiede in selbstregulativen intrapsychischen Prozessen.

Die Gruppe der Straftäter zeigt häufiger klassisch narzißtische Regulationsmechanismen als die Vergleichsgruppen, d.h. sie weist mehr Größenphantasien und einen stärkeren Wunsch nach Lob und Bestätigung bei gleichzeitiger aggressiver Abwertung eines signifikanten anderen auf.

Hypothese 6:
Die Straftäter sind im Gruppenvergleich extravertierter, weniger verträglich und weniger gewissenhaft.

2. Methode

2.1 Stichprobe

Es wurden drei Personengruppen (1. Straftäter, 2. Anwärter für den Justizvoll-zugsdienst und 3. Mitglieder aus zwei christlichen Pfingstgemeinden) untersucht. In allen drei Stichproben wurden nur männliche Probanden herangezogen. Im Folgenden werden die Auswahlkriterien der Untersuchungsgruppen erläutert, und, sofern im ersten Kapitel nicht explizit darauf eingegangen wurde, theoretisch begründet.

2.1.1 Untersuchungsstichprobe

Untersucht wurden insgesamt 31 Straftäter aus den Justizvollzugsanstalten Freiburg (8 Probanden), Heilbronn (8 Probanden), Ravensburg (8 Probanden) und Bruchsal (7 Probanden).

Folgende drei Aufnahmekriterien waren für die Rekrutierung der Teilnehmer relevant:

(1) Mindestens eine Gewaltstraftat gegen eine andere Person, entsprechend den Vorgaben des StGB

13. Abschnitt. Straftaten gegen die sexuelle Selbstbestimmung (§§ 174-184) (Sexueller Mißbrauch von Kindern, Vergewaltigung, Menschenhandel etc.)

16. Abschnitt. Straftaten gegen das Leben (§§ 211-222) (Mord, Totschlag, Minder schwerer Fall des Totschlags, Tötung auf Verlangen etc.)

17. Abschnitt. Körperverletzung (§§ 223-233) (Gefährliche Körperverletzung, schwere Körperverletzung, Körperverletzung mit Todesfolge etc.)

18. Abschnitt. Straftaten gegen die persönliche Freiheit (§§ 234-241a) (Menschenraub, Verschleppung, Kindesentziehung etc.)

20. Abschnitt. Raub und Erpressung (§§ 249-256)
(Raub, schwerer Raub, Raub mit Todesfolge, Erpressung, räuberische
Erpressung)

(2) eine mindestens dreijährige Freiheitsstrafe

(3) voraussichtliche Haftentlassung nicht länger als ca. 6 Monate nach Untersuchungstermin

Dieses Aufnahmekriterium wurde gewählt, um vor dem Hintergrund der prognostischen Validität bindungstheoretischer Konstrukte im Rahmen der Legalbe-
währung die Durchführung eines Follow-Ups zu ermöglichen.

2.1.2 Vergleichsstichprobe I

Als Vergleichsgruppe wurden 22 Anwärter für den Justizvollzugsdienst in zwei
bayerischen Justizvollzugsanstalten herangezogen.

In der sozialpsychologischen Literatur gibt es seit Anfang der 70er Jahre eine Fülle
von Hinweisen, daß interpersonale Schwierigkeiten zwischen Mitgliedern von In-
stitutionen nicht nur in dispositionellen Unterschieden zwischen den interagieren-
den Personen liegen, sondern an der sozialpsychologischen Struktur der Institution
selbst. Wichtig sind in diesem Zusammenhang das viel diskutierte Stanford-Prison-
Experiment (Haney et al., 1973) und andere klassische Arbeiten zu gruppendyna-
mischen Prozessen, in denen ein Machtgefälle bzw. Interessenskonflikt zwischen
den Gruppen besteht (Milgram, 1974; Sherif, 1966; Tajfel & Turner, 1986).
Verschiedene Arbeiten zu Sozialisierungsprozessen bei Gefangenen und im Vollzugspersonal betonen das Gewaltverhältnis, "wo der Gefangene sich als Objekt mit
stark eingeschränkter Verfügung über die eigene Person erlebt, und der Beamte
dessen Verfügung und Entscheidung übernimmt und an seiner Stelle handelt"
(Wagner 1985, S. 116). Dieses Machtgefüge, das den Gefangenen vom unabhängigen Subjekt zum entmündigten Zwangsobjekt degradiert, wird u.a. auch durch
berufstypische Sprach- und Einstellungsmerkmale des Vollzugspersonals gegenüber den Gefangenen untermauert (Wagner, 1985; Adler, 1976; Lösel et al., 1988).
Theoretische Überlegungen zur Ausschöpfung des Ermessensspielraums von Beamten zur Anwendung von Gewalt gegenüber Gefangenen stellt z.B. Gilbert,
(1997) an. Soziale Stereotypisierung, Stigmatisierungs- und Diskriminierungs-
prozesse scheinen bei erfahrenen Beamten im Laufe ihrer beruflichen Sozialisation

nicht ab-, sondern zuzunehmen. Das gilt besonders für deren Einstellungsmerkmale gegenüber Sexualstraftätern (vgl. Weekes et al., 1995) und psychisch kranken Straftätern (Kropp et al., 1989). Berufsanfänger reagieren auf die Institution Gefängnis häufig mit Bedrücktheit, Einschüchterung und Frustration, und einige empfinden sich zunächst selbst als Gefangene (Wagner, 1985; Pecher, 1989). Es gilt als gesichert, daß Justizvollzugsbeamte einer hohen psychosozialen Belastung ausgesetzt sind (Dignam & Fagan, 1996; Safran & Tartaglini, 1996; Finn, 1998; Stack & Tsoudis, 1997), die einer stabilen psychischen Grundstruktur als Voraussetzung bedarf (Leky, 1974; Myers et al., 1992).

Auf psychoanalytischen Überlegungen basiert die Sichtweise, daß das Gefängnis als Institution für die Gefangenen und für die Beamten auf unterschiedliche Weise die Funktion eines Vaterersatzes annehmen kann. Die Beamten übernehmen dabei die Rolle des (strengen) Vaters, der gegenüber den Gefangenen Erziehungs, Straf und (Re)sozialisierungsfunktion besitzt (vgl. Hinshelwood, 1996; Williams, 1994). Vermittelt wird diese Funktion durch soziale Projektions- und Identifikationsprozesse (Pecher, 1989). Insofern hat das starre Gefüge der Institution Gefängnis eine strukturgebende und - erhaltende Komponente, in der Subjekt und Objekt eindeutig voneinander getrennt sind und klare, unmißverständliche Rollenzuweisungen bestehen. Aus psychoanalytischer Sicht liegt nahe, den Einstieg einer Person in eine Karriere als Justizvollzugsbeamter als unbewußten Identifikationsprozeß mit dem (strengen) Vater zu deuten (Pecher, 1989). Bei Mitarbeitern im Vollzugsdienst können neben identifikatorischen Prozessen mit der Vaterfigur auch Helferwünsche realisiert werden (Pecher, 1999, persönliche Mitteilung).
Der Vater als positive oder negative Identifikationsfigur spielt nicht nur für Straftäter, sondern auch für Justizvollzugsbeamte eine zentrale Rolle. Auf symbolischer Ebene wird er von der autoritären Institution repräsentiert. Durch die Auswahl der angehenden Justizvollzugsbeamten werden aus bindungstheoretischen Gesichtspunkten zwei Blickfelder innerhalb der Institution Gefängnis eröffnet, die wichtige Informationen für die weitere Hypothesenbildung erbringen können.
Unter der Annahme, daß angehende JV-Beamte identifikatorische Prozesse mit einem strengen, aber doch fürsorglichen und nährenden Vaterbild durchlaufen, würde man aus bindungstheoretischer Sicht einen hohen Anteil sicherer Bindungsstile erwarten, begleitet von ambivalenten Anteilen.

2.1.3 Vergleichsstichprobe II

Die zweite Vergleichsgruppe bestand aus insgesamt 21 Mitgliedern aus zwei christlichen Pfingstgemeinden in Baden-Württemberg.

"Als Sammelbezeichnung wird der Begriff der Pfingstbewegung für zahlreiche religiöse Gemeinschaften mit perfektionistisch-enthusiastischem Charakter gebraucht, die unter anderem den Anspruch erheben, im Besitz der in einer Ausgießung des Geistes wiedererweckten urchristlichen Charismen zur Verkündigung der Botschaft Christi vor dessen naher Wiederkunft zu sein" (Gasper et al., 1990, S. 812).

Als Pfingstler werden "diejenigen Gruppen bezeichnet, die mindestens zwei zeitlich und sachlich getrennte religiöse Erlebnisse (1. Bekehrung bzw. Wiedergeburt, 2. Geistestaufe) lehren, wobei das zweite meist, aber nicht immer, mit dem Zungenreden verbunden ist" (Hollenweger, 1971, S. 280f).

Die Auswahl dieser Vergleichsgruppe erfolgte aufgrund folgender theoretischer Überlegungen:
1) Es gibt eine Fülle theoretischer und empirischer Hinweise, daß religiöses Verhalten im Sinne bindungstheoretischer Überlegungen als Suche nach einem "safe haven" gedeutet werden kann.
Neben der Beziehung eines Individuums zu seinen zentrale(n) Bezugsperson(en) kann die Beziehung zu Gott als Vaterfigur als weitere Bindung betrachtet werden, die eine Vielzahl verschiedener psychologischer Funktionen annehmen kann (s. Abschnitt 1.1.5.4).
2) In Pfingstgemeinden wird die Bedeutung einer direkten und lebendigen Beziehung zu Gott als Vaterfigur im Gegensatz zu den Großkirchen besonders hervorgehoben.

2.2. Stichprobenbeschreibung

2.2.1 Straftäterspezifische Merkmale

Im Folgenden wird die Straftätergruppe bezüglich verschiedener haftspezifischer Merkmale eingeordnet. Weitere demographische Variablen der Gruppe (Alter, Schul- und Berufsausbildung) werden der Übersichtlichkeit wegen in jeweils einer

Tabelle mit der Stichprobenbeschreibung der Vergleichsgruppen dargestellt. Die Tabellen 1 und 2 geben einen Überblick über das Hauptdelikt, das zur aktuellen Inhaftierung führte, sowie eine Charakterisierung der Stichprobe bezüglich der mittleren Gesamtzahl der Straftaten, Verurteilungen, Alter bei der ersten Inhaftierung und Alter beim Hauptdelikt.

Tab. 1: Hauptdelikt. Absolute (abs) und relative Häufigkeiten (rel). Mehrfachnennungen sind möglich.

Hauptdelikt	Straftäter (N = 30)	
	abs	rel
Mord/Totschlag	10	27,8
Körperverletzungen	4	11,1
Sexualstraftaten	7	19,4
Eigentumsdelikte	13	36,1
Brandstiftung	2	5,6
Gesamt	36	100

Die Gesamtzahl der Delikte addiert sich auf 36. In 6 Fällen beruhte die Verurteilung einer Person auf jeweils zwei der angegebenen Delikte.

Tab. 2: Haftspezifische Indikatoren. Mittelwert (M), Standardabweichung (S), Minima (Min) und Maxima (Max).

Variable	N	M	S	Min	Max
V1 Anzahl der Haftstrafen*	27	2,4	2,99	1	13
V2 Gesamtzahl der Verurteilungen	30	6,2	6,45	1	31
V3 Gesamtlänge Freiheitsstrafen	30	8,3	7,05	3	36
V4 Erste Straftat	30	24,7	9,69	14	48
V5 Alter bei Hauptdelikt (Jahre)	30	29,8	9,24	21	51

* In drei Fällen war eine eindeutige Ermittlung der Gesamtzahl aller bisheriger Haftstrafen des Probanden nicht möglich.

V3 Gesamtlänge bisheriger Freiheitsstrafen (einschließlich Bewährungsstrafen) in Jahren

V4 Alter bei der ersten Straftat (in Jahren)

2.2.2 Allgemeine soziodemographische Merkmale

Die Tabellen 3 bis 6 geben einen Überblick über Alter, Familienstand, Schul- und Berufsausbildung aller Probanden.

Tab. 3: Alter der Probanden, aufgeteilt nach Gruppen. Mittelwert (M), Standardabweichung (S), Minima (Min) und Maxima (Max).

Gruppe	N	M	S	Min	Ma
Straftäter	30	36,1	9,44	23	5
JV-Azubis	21	30,7	6,93	21	5
Gemeindemitglieder*	19	36,5	7,68	24	5
Gesamt	70	34,6	8,56	21	5

* Ein Gemeindemitglied verweigerte detaillierte persönliche Angaben

Tab. 4: Familienstand. Absolute (abs) und relative (rel) Häufigkeiten.

	Gruppe					
Familienstand	Straftäter (N=31)		JV-Azubis (N=22)		Gemeinde-mitglieder (N=20)	
	abs	rel	abs	rel	abs	rel
ledig ohne Partner(in)	12	38,7	1	4,5	3	15
ledig mit Partner(in)	7	22,6	9	40,9	1	5
verheiratet/in Partnerschaft	7	22,6	12	54,5	16	80
geschieden	5	16,1	0	0	0	0

13 Straftäter (41,9%, N=31), 12 JV-Azubis (54,5%, N=22) und 12 Gemeindemitglieder (60%, N=20) hatten Kinder.

Tab. 5: Schulbildung. Absolute (abs) und relative (rel) Häufigkeiten.

schulische Qualifikation (Abschluß)	Gruppe					
	Straftäter (N=30)		JV-Azubis (N=22)		Gemeinde-mitglieder (N=20)	
	abs	rel	abs	rel	abs	rel
kein Schulabschluß	3	10	0	0	0	0
Sonderschule	1	3,3	0	0	1	5
Hauptschule	21	70	13	59,1	6	30
Realschule	4	13,3	9	40,9	1	5
Gymnasium	1	3,3	0	0	12	60

Tab.6: Berufliche Qualifikation. Absolute (abs) und relative (rel) Häufigkeiten.

	Gruppe					
	Straftäter (N=30)		JV-Azubis (N=22)		Gemeinde-mitglieder (N=20)	
	abs	rel	abs	rel	abs	rel
kein Lehrabschluß	14	46,7	0	0	3	15
Lehre	16	53,3	22	100	7	35
Fachhochschule	0	0	0	0	8	40
Hochschule	0	0	0	0	2	10

2.3 Durchführung der Untersuchung

Das Untersuchungsvorhaben wurde der Ethikkommission der Universität Ulm vorgelegt und von dieser ohne Einschränkungen gebilligt.
Die Datenerhebung der Straftätergruppe wurde vom Verfasser (insgesamt 15 Probanden) und von drei Kolleginnen (zusammen 16 Probanden) durchgeführt.
Die Daten der Auszubildenden im Justizvollzugsdienst wurden vom Verfasser (17 Probanden) und von einer Kollegin (5 Probanden) erhoben. Die Gruppe der Gemeindemitglieder wurde ausschließlich vom Verfasser untersucht. Aus methodischen Gründen wurde keine der Stichproben über den geplanten Gruppenvergleich informiert. Die Probanden wurden wie folgt ausgewählt:

2.3.1 Straftäter

Nach einer allgemeinen Informationsveranstaltung über Ziele, Aufbau und Ablauf der Studie, an der jeweils der Leiter der Institution sowie das akademische Personal teilnahmen, wurden alle in den jeweiligen Haftanstalten inhaftierten Gefangenen nach den in Kapitel 2.1.1 genannten Kriterien vom Justizvollzugspersonal ausgewählt. Diese Auswahl wurde vom psychologischen Personal kontrolliert und kommentiert. Die ausgewählten Gefangenen wurden dann vom Vollzugspersonal schriftlich (s. Informationsblatt im Anhang B1) und mündlich von der geplanten Untersuchung in Kenntnis gesetzt und um ihr Einverständnis zu einem ausführlichen Informationsgespräch mit den Mitarbeitern des Projekts gebeten. Während des Informationsgesprächs wurden inhaltliche und organisatorische Fragen geklärt und Untersuchungstermine vereinbart. Die Aufwandsentschädigung der Probanden betrug 20 DM.
Zum Untersuchungstermin wurden folgende Erklärungen eingeholt (Anhang B1):

1)   Allgemeine Einverständniserklärung zur Teilnahme an der Studie,
2)   Einverständniserklärung zur elektronischen Verarbeitung
      personenbezogener Daten gemäß § 4 Abs. 1 Landesdatenschutzgesetz,
3)   Authorisierung der Mitarbeiter der Studie zum Einblick in die Gefangenenpersonalakten.

Die Erklärungen 1) und 2) wurden von allen in der Untersuchung verbliebenen Teilnehmern unterschrieben, zwei Personen verweigerten den Einblick in die Gefangenenpersonalakten.

Der Zeitrahmen der Untersuchung lag zwischen drei und vier Stunden pro Person. Im einzelnen erfolgte die Untersuchung in folgenden Schritten:

1) Erwachsenen-Bindungsprototypeninterview (EBPR) (video- und tonbandprotokolliert)
2) Begleitbogen-E
3) Mehrfachwahl-Wortschatz-Intelligenztest (MWT-B)
4) Das Inventar zur Erfassung interpersonaler Probleme (IIP-D)
5) NEO-Fünf-Faktoren Inventar (NEO-FFI)
6) Fragebogen zu Kompetenz- und Kontrollüberzeugungen (FKK)
7) Narzißmusinventar
8) Einblick in die Gefangenenpersonalakten zu einem anderen Termin

Eine ausführliche Erläuterung der verwendeten Methoden erfolgt im nächsten Abschnitt. Die Fragebogen wurden jeweils im Beisein des Untersuchungsleiters/der Untersuchungsleiterin vom Gefangenen ausgefüllt. In fünf Fällen zeigten Gefangene Ermüdungserscheinungen und baten darum, einen Teil der Fragebogen in der Einzelzelle ausfüllen zu dürfen. Teilnehmern, die nicht in Einzelzellen untergebracht waren, wurde es nicht gestattet, Fragebogen mitzunehmen. Aus diesem Grund wurden in zwei Fällen mehrere Untersuchungstermine notwendig.

2.3.2 Auszubildende im Justizvollzugsdienst

Nach einer Vorbesprechung mit dem Anstaltsleiter und dem jeweiligen Ausbildungsleiter wurden die Teilnehmer von der geplanten Untersuchung schriftlich (Informationsblatt s. Anhang B2) und mündlich in Kenntnis gesetzt und um ihr Einverständnis zur Teilnahme gebeten. Die schriftlichen Einverständniserklärungen wurden jeweils zum Untersuchungstermin eingeholt.

1) Allgemeine Einverständniserklärung zur Teilnahme an der Studie,
2) Einverständniserklärung zur elektronischen Verarbeitung personenbezogener Daten gemäß § 4 Abs. 1 Landesdatenschutzgesetz.

Die Untersuchungsabfolge verlief folgendermaßen:
1) Erwachsenen-Bindungsprototypeninterview (EBPR) (video- und tonbandprotokolliert, Interviewleitfaden s. Anhang)
2) Begleitbogen-K

Aus organisatorischen Gründen war es nicht möglich, für diese Gruppe jeweils drei bis vier Stunden pro Person zur vollständigen Durchführung der Untersuchung zu reservieren. Somit konnten die Fragebogen (vgl. Auflistung bei der Straftätergruppe) nicht im Beisein des Untersuchungsleiters ausgefüllt werden. Ein zweiter Termin für jeden Probanden war nicht realisierbar.

2.3.3 Mitglieder der Pfingstgemeinden

Die Gemeindeleiter wurden zunächst telefonisch über das Untersuchungsvorhaben vorinformiert. In einer ausführlichen Informationsveranstaltung wurden vor der Gemeindeleitung Ziele, Methoden und Durchführung der Untersuchung dargelegt. Die jeweilige Gemeindeleitung erklärte sich bereit, schriftlich (Informationsblatt im Anhang B2) und mündlich alle männlichen Gemeindemitglieder um Teilnahme an der Untersuchung zu bitten. Adressen und Telefonnummern von Interessenten wurden dem Verfasser von einer Kontaktperson aus der Gemeindeleitung bereitgestellt. Die jeweiligen Untersuchungstermine wurden dann telefonisch vereinbart und in den Wohnungen der Teilnehmer durchgeführt.

Die den Teilnehmern vorgelegten schriftlichen Erklärungen entsprachen denen aus der Gruppe der Auszubildenden im Justizvollzugsdienst.

Im Beisein des Verfassers wurde das Erwachsenen-Bindungs-Prototypenrating durchgeführt und der Begleitbogen vorgelegt. Die Bearbeitung der Fragebogen fand zu einem anderen Termin statt.

2.4 Untersuchungsmethoden

Die folgenden Tabellen geben einen Überblick über das in der vorliegenden Untersuchung gewählte Design und der verwendeten Erhebungsinstrumente. Im Anschluß wird der Inhalt der Tabellen beschrieben und näher erläutert.

Tab.7: Allgemeiner Überblick über Design und Erhebungsinstrumente

Untersuchungsgruppe	Vergleichsgruppe I	Vergleichsgruppe II
Straftäter	Auszubildende im Justiz-vollzugsdienst	Gemeindemitglieder aus Pfingstgemeinden
Interview Fragebogen Aktenanalyse	Interview Fragebogen	Interview Fragebogen

Tab. 8: Überblick über die angewandten Methoden

Konstrukte	Instrumente
Bindung	Erwachsenen-Bindungsprototypen-Rating mit Selbsteinschätzungsskala (EBPR, Strauß & Lobo 1997, 1999)
Interpersonale Probleme	Inventar Interpersonaler Probleme (IIP-D, Horowitz, Strauß & Kordy 1994)
Selbstkonzept	Fragebogen zu Kompetenz-und Kontrollüberzeugungen (FKK, Krampen 1991)
Selbstregulation	Narzißmusinventar (NI, Deneke & Hilgenstock 1989)
Persönlichkeit	NEO-FFI (Borkenau & Ostendorf 1993)
Intelligenz	Mehrfachwahl-Wortschatz-Intelligenztest (MWT-B, Lehrl (1995)

Zur Erfassung soziodemographischer Variablen wurden für die Straftäter und die beiden Vergleichsgruppen insgesamt drei Fragebogen (s. Anhang C) entwickelt.

2.4.1 Bindungsstile

Das Erwachsenen-Bindungsprototypenrating (EBPR)

Das EBPR besteht aus drei Elementen
a) dem Beziehungsinterview,
b) dem Bindungsprototypenrating,
c) einem Selbstbeurteilungsbogen.

Das Beziehungsinterview ist ein semistrukturiertes Erwachsenen-Bindungs-Interview, das sich auf vergangene und aktuelle zwischenmenschliche Beziehungen und Ereignisse konzentriert.
Ähnlich wie das Adult Attachment Interview (AAI) evaluiert das Beziehungsinterview frühe Beziehungserfahrungen.

Mit dem Erwachsenen-Bindungsprototypen-Rating (EBPR, deutsche Erstversion von Strauß & Lobo 1997) steht ein Interviewverfahren zur Verfügung, welches sich im Unterschied zum AAI neben vergangenen auch auf aktuelle zwischenmenschliche Beziehungen und Ereignisse konzentriert, und eher manifeste als latente Verhaltensmerkmale als Ordnungskriterium einsetzt. Es geht hauptsächlich um Bindungen zur Primärfamilie und anderen bedeutsamen Personen, z.B. dem Partner. Das EBPR ist ein exemplarisches klinisches Erstinterview zur Erfassung der Biographie einer Person. Der Fokus liegt auf Beziehungskomponenten.

Vorläufer der deutschen Version sind klinische Überlegungen von Pilkonis (1988), der anhand einer Untersuchung bei depressiven Patienten neben dem sicheren Bindungsstil sechs Prototypen mit unsicheren Bindungsstilen identifizierte. (1) Übersteigerte Abhängigkeit, (2) Borderline-Züge, (3) übersteigerte Fürsorglichkeit, (4) zwanghafte Züge, (5) übersteigertes Autonomiestreben, (6) emotionale Ungebundenheit. Pilkonis nahm bei der Ausarbeitung der Prototypen Bezug auf bindungstheoretische Überlegungen, so daß die ersten drei der obengenannten Prototypen der unsicher-ambivalenten, und die weiteren der unsicher-vermeidenden Kategorie zugeordnet wurden.
Die Weiterentwicklung des Prototypenratings von Strauß und Lobo (1999) fächert die Hauptkategorien der klassischen Bindungsmuster in folgende sieben Bindungsprototypen auf:

Tab.9: Zuordnung der klassischen Bindungsmuster zu den Prototypen des EBPR

Hauptkategorie	Prototyp
sicher	Prototyp 1: sichere Züge
unsicher-ambivalent	Prototyp 2: übersteigert abhängig
	Prototyp 3: instabil beziehungsgestaltend
	Prototyp 4: zwanghaft fürsorglich
unsicher-vermeidend	Prototyp 5: zwanghaft selbstgenügsam
	Prototyp 6: übersteigert autonomiestrebend
	Prototyp 7: emotional ungebunden

Den klassischen Bindungsmustern wurde mit der Grobkategorie "unsicher-ge-mischt" eine vierte Kategorie hinzugefügt, die sich aus Prototypen der unsicher-ambivalenten und der unsicher-vermeidenden Bindungsmuster zusammensetzt.

Die Auffächerung des Bindungskonstrukts in sieben verschiedene klinisch rele-vante Bindungsstile ist sowohl für die forensische Psychotherapieforschung als auch für die praktische Arbeit im Strafvollzug von mehrfacher Bedeutung.
Erstens verspricht die hohe klinische Spezifität des EBPR deutliche Fortschritte in der Diagnostik von Bindungsstörungen sowie der Beurteilung von Therapie-indikationen bei Straftätern;
zweitens wird langfristig auch die Entwicklung spezifischer psychotherapeutischer Interventionstechniken bei Straftätern ermöglicht;
drittens erleichtert sie die Formulierung spezifischer Hypothesen zur Ätiologie ge-walttätigen Verhaltens und erweitert somit das Spektrum der bekannten kriminal-prognostisch relevanten Rückfallkriterien.

Die prototypischen Selbstbeschreibungen enthalten die wichtigsten Aspekte, die durch das Interview, bezogen auf die Lebensgeschichte einer Person, erhoben wer-den.

- Erfassung von Verhaltensmustern in Bindungssituationen
- Erfassung von Ursachen für ein spezifisches Verhalten einer Person
- Frühere und aktuelle Qualität interpersonaler Beziehungen
- Charakteristische Ähnlichkeiten mit den Eltern
- Verlusterfahrungen in Kindheit, Adoleszenz und Erwachsenenalter
- Wichtige Beziehungen außerhalb der Familie
- Untersuchung lang andauernder und kurzer Partnerbeziehungen

Bei der Bewertung der Bindungsqualität bzw. des Bindungsstils fließen folgende allgemeine Überlegungen ein (Strauß & Lobo, 1999):

A) Allgemeine Hinweise auf Bindungssicherheit

-   Positive Sicht des Selbst und anderer
-   Kohärente Darstellung von Beziehungserfahrungen (vollständige und verständliche Darstellung, Belege für einzelne Aussagen, keine abrupten Themenwechsel
-   Gelungener Umgang mit Trennungserlebnissen
-   Vertrauen zu Bezugspersonen
-   Angemessene Affektregulation
-   Gelungene Integration positiver und negativer Beziehungserfahrungen

B) Allgemeine Hinweise auf Bindungsunsicherheit

1) Ambivalente Strategien/Stile

-   Negative Selbstsicht, eher positive Sicht anderer
-   Inkohärente Darstellung von Beziehungserfahrungen (strukturlose Darstellung, ungeordnete, unverständliche Schilderungen)
-   Verstrickt in problematische Geschichte, keine Distanzierungsfähigkeit und Integration positiver und negativer Erfahrungen, deutlich affektgeladen (Affektunterregulation)
-   Überflutet von Erinnerungen
-   Bemühen um andere mit Hinweisen auf übermäßige Abhängigkeit und Verlustangst

2) Vermeidende Strategien/Stile

-   Negative Sicht anderer
-   Inkohärente Darstellung von Beziehungserfahrungen
-   Neigung zur Rationalisierung und Affektarmut (Affektüberregulation)
-   Idealisierung oder globale Abwertung von Beziehungserfahrungen
-   Wenig konkrete Erinnerungen
-   Bemühen um Unabhängigkeit, evtl. aus Angst vor Abweisung

Die Prototypen setzen sich aus jeweils 10 beschreibenden Items zusammen (Kurz-beschreibung der Prototypen und Beispiele s. Anhang D).

Mit dem Selbstbeurteilungsbogen werden die sieben Bindungsprototypen in leicht modifizierter Form Personen zur Selbsteinschätzung vorgegeben. Die Probanden werden aufgefordert, ihre Übereinstimmung mit den Kurzbe-schreibungen zu beurteilen (überhaupt nicht, wenig, mittelmäßig, ziemlich, sehr) und eine Rangreihe der Bindungsprototypen im Hinblick auf deren Ähnlichkeit mit dem eigenen Selbstbild zu erstellen.

Von Pilkonis wurde das Prototypenrating zunächst im Zusammenhang mit Unter-suchungen depressiver Patient(inn)en angewandt (Pilkonis, 1988; Pilkonis et al., 1991). Neuere Ergebnisse der Arbeitsgruppe um Pilkonis (Pilkonis et al., 1995) beziehen sich auf eine Stichprobe von Patient(inn)en zwischen 21 und 60 Jahren, die entweder ambulant oder stationär vorwiegend wegen affektiver oder affektiver und Angststörungen behandelt wurden. In diesen Untersuchungen bestätigte sich die zunächst von Pilkonis (1988) faktorenanalytisch ermittelte Struktur der Bin-dungsprototypen sowie deren Anwendbarkeit auf klinische Stichproben.

Die erste systematische Anwendung der deutschen Fassung des EBPR erfolgte von Lobo (1997). Im Rahmen einer Katamneseuntersuchung wurden bei 22 Pati-ent(inn)en Behandlungseffekte nach einer stationären Langzeittherapie auf ihren Zusammenhang mit der Bindungsorganisation dieser Patient(inn)en zum Katamne-sezeitpunkt untersucht. Dabei wird von guten Übereinstimmungsreliabilitäten be-richtet (durchschnittliche Raterübereinstimmung r=.80). Auch in einer Studie von Mosheim et al. (in Vorbereitung) ist die mittlere Beurteilerübereinstimmung zufrie-denstellend (r=.64).

Das EBPR erfaßt im Gegensatz zum AAI verhaltensbezogene Ausformungen von Bindungsrepräsentanzen. Aus diesem Grunde konnte die konvergente Validität des Verfahrens mit dem AAI nicht bestätigt werden (Strauß, 1999, persönliche Mittei-lung). Vor diesem Hintergrund wurde die Methode modifiziert. Zur prädiktiven und inhaltlichen Validität des modifizierten Verfahrens (EBPR, Version 1.0, Strauß & Lobo, 1999) liegen mittlerweile Einzelhinweise vor [retrospektiv erfaßt von Lobo, 1997, prospektiv erfaßt von Mosheim et al. (in Vorbereitung)].

2.4.2 Soziodemographische Variablen

Zur Erfassung soziodemographischer Variablen wurden vom Verfasser und von einer Kollegin insgesamt drei Fragebogen entwickelt. Der erste Fragebogen erfaßt anamnestische Daten der Straftätergruppe. Diese Daten wurden mit schriftlichem

Einverständnis der Probanden aus den Personalakten erhoben. Außerdem wurde ein verbaler Intelligenztest durchgeführt. Im einzelnen wird auf folgende Themenbereiche eingegangen (s. Anhang C1):

- Delikt (Hauptdelikte, Nebendelikte, Zahl der Verurteilungen)
- Psychiatrische Diagnosen
- Soziodemographische Daten (Alter, Nationalität, Wohnort etc.)
- Familiäre Entwicklungsbedingungen (Eltern, Pflegeeltern, Stiefeltern, Trennungszeiten, Geschwister
- Registrierte klinisch auffällige Probleme und Belastungen der Herkunftsfamilie (z.b. psychiatrische Erkrankungen, Alkohol- und Drogenmißbrauch)
- Registrierte Straffälligkeit von Familienmitgliedern
- Leistungsbereich (Schule, Berufsausbildung, Beruf)
- Eingehende Beschreibung des Gewaltdelikts, das zur Inhaftierung geführt hat

Zwei weitere Fragebogen wurden von den Probanden jeweils im Anschluß an das Beziehungsinterview beantwortet.

a) Die Straftätergruppe erhielt den Fragebogen "Begleitbogen - E" (s. Anhang C1). Da in den Gefangenenpersonalakten auf einige im Rahmen der Fragestellung dieser Arbeit interessierenden Themenkomplexe nicht eingegangen wird, war es nötig, einen von den Probanden selbst zu beantwortenden "Begleitbogen" zu erstellen. Die Ergänzungen beziehen sich auf:

- Aufenthalt vor der Inhaftierung
- Schulschwierigkeiten
- den familiären Status (Familienstand, Partnerschaft, Kinder)
- auf klinisch relevante Probleme und Belastungen aus Vergangenheit und Gegenwart (z.B. Alkohol- und Drogenabhängigkeit, Suizidversuche, Gewalttätigkeiten)
- den Kontaktbereich/soziales Netzwerk, sexuelle Beziehungen und Freizeitverhalten.

b) Die beiden Vergleichsgruppen erhielten den "Begleitbogen - K" (s. Anhang C2) der auf folgende Fragenkomplexe eingeht:

- Allgemeine soziodemographische Daten (Alter, Nationalität, Wohnsitz etc.)
- Leistungsbereich (Schule, Beruf, Schulschwierigkeiten)
- Familie (Familienstand, Eltern, Pflege- und Stiefeltern, Trennungszeiten, Geschwister, Partnerschaft, Kinder)
- Klinisch relevante Probleme und Belastungen des Probanden sowie der engsten Familienmitglieder aus Vergangenheit und Gegenwart (s.o.)
- Registrierte Straffälligkeit
- Kontaktbereich und soziales Netzwerk, Freizeitverhalten und sexuelle Beziehungen

Mehrfachwahl-Wortschatz-Intelligenztest (MWT-B)

Der MWT-B ist ein ökonomisch anwendbarer Test zur Messung des allgemeinen Intelligenzniveaus. Er gilt als insensitiv gegen Störeinflüsse und altersstabil. Der Test wurde vor dem Hintergrund von Cattells Modell der fluiden und kristallisierten Intelligenz entwickelt und überprüft die als erfahrungsabhängig erachteten, als Kumulation von Fertigkeiten und Wissen interpretierten sprachlichen Fähigkeiten einer Person (Cattell, 1963). Der MWT-B wurde an einer repräsentativen deutschen Stichprobe (N= 1952) geeicht. Die Probanden werden angewiesen, in einer Reihe mit jeweils fünf Wörtern das Wort anzustreichen, das ihnen bekannt ist. Nur eines aus jeder der 37 Wortreihen ist jeweils ein deutsches Wort bzw. ein in der deutschen Sprache verwendetes Fremdwort, z.B. "Nale-Sahe-Nase-Nesa-Sehna". Der durchschnittliche Korrelationskoeffizient (Median von 26 Untersuchungen), zwischen MWT-B und anderen globalen Intelligenztests ist relativ hoch (r= 0,71). Die Retestreliabilität liegt zu verschiedenen Testzeitpunkten zwischen r= 0, 87 und r= 0,95. Nach den Angaben des Autors diskriminiert der Test am besten in mittleren und niedrigeren IQ-Bereichen (Lehrl, 1995).

2.4.3 Interpersonale Probleme

Das Inventar zur Erfassung interpersonaler Probleme (IIP-D)

Das IIP-D (Horowitz et al. 1994) ist ein Verfahren, das in der langen Tradition der interpersonalen Konzepte in der klinischen Psychologie, der Psychotherapie und der Persönlichkeitspsychologie steht. Es basiert auf Sullivans (1953) interpersonalem Modell der Psychiatrie und Learys (1957) Entwicklung eines Circumplex-Modells interpersonalen Verhaltens. Interpersonale Verhaltensweisen lassen sich nach dem Modell in einem zweidimensionalen semantischen Raum anordnen, mit den Dimensionen Zuneigung (Extreme: feindseliges vs. freundliches oder liebevolles Verhalten) und Kontrolle oder Dominanz (Extreme: dominierendes vs. unterwürfiges Verhalten).

Der Fragebogen dient als Methode zur mehrdimensionalen Erfassung von relativ zeitstabilen interpersonalen Problemen.
In acht Circumplex - Skalen werden folgende Problembereiche erfaßt:

- zu autokratisch/dominant
- zu streitsüchtig/konkurrierend
- zu abweisend/kalt
- zu introvertiert/sozial vermeidend
- zu selbstunsicher/unterwürfig
- zu ausnutzbar/nachgiebig
- zu fürsorglich/freundlich
- zu expressiv/aufdringlich

Im einzelnen sollen die Probanden auf einer fünfstufigen Ratingskala angeben, inwieweit eine Aussage bezüglich interpersonaler Probleme auf sie zutrifft: nicht, wenig, mittelmäßig, ziemlich, sehr. Die 127 Items der Langform sind in zwei Teilbereiche unterteilt. Der erste Teil (78 Items) bezieht sich auf die Wahrnehmung interpersonalen Verhaltens und Erlebens. "Die nachstehenden Aspekte können im Umgang mit anderen schwierig sein: Es fällt mir schwer.....". Der zweite Teil (49 Items) fragt nach häufig auftretenden Erlebens- und Verhaltensweisen im interpersonalen Kontext. "Die nachstehenden Aspekte kann man im Übermaß tun: ..."
Die Retestreliabilitäten der IIP-Skalen liegen zwischen .81 und .90 und die Konsistenzkoeffizienten (Cronbach Alpha) liegen in der Normierungsstichprobe (N= 1333) zwischen .36 und .64 (Horowitz et al., 1994, S. 25). Zur Validität des Verfahrens liegen verschiedene Hinweise vor, im deutschsprachigen Raum wird das

Instrument allerdings erst seit kurzem verwendet, so daß eindeutige Aussagen zum gegenwärtigen Zeitpunkt nicht möglich sind.

2.4.4 Kompetenz- und Kontrollwahrnehmung

Fragebogen zu Kompetenz- und Kontrollüberzeugungen (FKK)

Zielsetzung des Fragebogens zur Erfassung von Kompetenz- und Kontrollüberzeugungen ist die Erfassung von Kompetenz- und Kontingenzerwartungen, die über verschiedene Handlungsklassen, Handlungs- und Lebenssituationen generalisiert sind. Es handelt sich dabei um eine weiterentwickelte Operationalisierung von Rotters (1966) sozialer Lerntheorie.
Die vier Primärskalen beziehen sich auf das generalisierte Selbstkonzept eigener Fähigkeiten und drei weiterer Aspekte generalisierter Kontrollüberzeugungen (Internalität, Soziale Externalität und Fatalistische Externalität).

Die Sekundärskalen setzen sich additiv aus den Primärskalen zusammen und messen generalisierte Selbstwirksamkeitsüberzeugungen (Selbstkonzept eigener Fähigkeiten + Internalität) und generalisierte Externalität in Kontrollüberzeugungen (Soziale Externalität + Fatalistische Externalität).
In einer Tertiärskala, welche alle Items einbezieht, wird die generalisierte Internalität vs. Externalität in Kontrollüberzeugungen erfaßt.
Probanden werden gebeten, anhand einer sechsstufigen Ratingskala zu 32 Aussagen Stellung zu nehmen. Dabei besteht die Möglichkeit, jeder Aussage "stark, mittel oder schwach zuzustimmen, oder sie schwach, mittel oder stark abzulehnen." Es gibt eine Fülle von Belegen zur Reliabilität und Validität des Verfahrens. Die Test-Retestreliabilität wird für ein Intervall von 6 Monaten mit einer Schwankungsbreite von .63 bis .74 angegeben. Die interne Konsistenz der Skalen nach Cronbachs alpha liegt für die Eichstichprobe (N= 2028) zwischen .70 und .89. Verschiedene Validitätsmaße sind untersucht und erreichen hervorragende Kennwerte (Krampen, 1991).

2.4.5 Selbstregulation

Narzißmusinventar

Das Narzißmusinventar erfaßt systematisch verschiedene theoretisch relevante Aspekte der Organisation und Regulation des narzißtischen Persönlichkeitssystems, soweit es der Selbstbeobachtung zugänglich ist. Das Inventar basiert auf psychoanalytischen Überlegungen zur Struktur des Selbstsystems bzw. des narzißtischen Persönlichkeitssystems. Die 163 Items wurden einer Faktorenanalyse unterzogen und ergaben vier sinnvoll interpretierbare Dimensionen und eine Reihe den Faktoren zugeordneten inhaltlich homogenen Skalen:

(1)   Das bedrohte Selbst (Ohnmächtiges Selbst, Affekt-/Impulskontrollverlust, Derealisation/Depersonalisation, Basales Hoffnungspotential, Kleinheitsselbst, Negatives Körperselbst, Soziale Isolierung, Archaischer Rückzug),

(2)   Das narzißtische Selbst (Größenselbst, Sehnsucht nach idealem Selbstobjekt, Gier nach Lob und Bestätigung, Narzißtische Wut),

(3)   Das idealistische Selbst (Autarkie- Ideal, Objektabwertung, Werte- Ideal, Symbiotischer Selbstschutz),

(4)   Das hypochondrische Selbst (Hypochondrische Angstbindung, Narzißtischer Krankheitsgewinn).

Für die Interpretation wurde ein theoretisches Rahmenmodell entwickelt, welches das narzißtische Persönlichkeitssystem als autoregulatives System beschreibt.
In einem fünfkategorialen Antwortschema sind die Probanden aufgefordert, die jeweilige Aussage mit ihrer persönlichen Einschätzung zu beurteilen. "Die Aussage stimmt .....nicht, ein wenig, teils ja/ teils nein, überwiegend, völlig".
Das Narzißmusinventar wurde an einer deutschsprachigen klinischen Stichprobe (N=1277) analysiert. Die interne Konsistenz der 18 Skalen (Cronbach Alpha) variiert zwischen r= .71 und r= .94. Im Rahmen der Dimensionierung des Verfahrens zur Ermittlung der faktoriellen Struktur kann die Konstruktvalidität, d.h. die Übereinstimmung des Verfahrens mit der theoretischen Konzeption, als gut und gesichert angesehen werden. Über die Retestreliabilitäten des Verfahrens werden keine Angaben gemacht (Deneke & Hilgenstock, 1989).

2.4.6 Persönlichkeitsstruktur

Beim NEO-FFI (deutschsprachige Version von Borkenau & Ostendorf, 1993) handelt es sich um ein faktorenanalytisch konstruiertes Fragebogenverfahren, welches der Erfassung individueller Merkmalsausprägungen in den Bereichen Neurotizismus, Extraversion, Offenheit für Erfahrung, Verträglichkeit und Gewissenhaftigkeit dient.

Eingestuft werden 60 Aussagen auf einer fünfstufigen Ratingskala. Die Probanden geben an, inwieweit die jeweilige Aussage auf sie zutrifft oder nicht (starke Ablehnung, Ablehnung, neutral, Zustimmung, starke Zustimmung).

Das NEO-FFI ist auch im deutschsprachigen Raum gut untersucht. Die Retestreliabilitäten schwanken für die fünf Faktoren zwischen $r = .65$ (Verträglichkeit) und $r = .81$ (Extraversion und Gewissenhaftigkeit). Die Konsistenzkoeffizienten liegen in einer Normierungsstichprobe (N=2112) zwischen $r = .71$ und $r = .85$ (Borkenau & Ostendorf 1993).

2.5 Datenanalyse

2.5.1 Vorarbeiten

Vor Beginn der Datenerhebung wurden die an der Studie beteiligten Mitarbeiter von der Koautorin des Manuals zum Erwachsenen-Bindungsprototypenrating in Interview- und Auswertungstechnik geschult und zur Durchführung autorisiert.

Im Vorfeld der Hauptuntersuchung wurde eine Studie zur Ermittlung der Reliabilität des Autors für die Auswertung des Erwachsenen-Bindungsprototypenratings durchgeführt. Als Datengrundlage wurden 16 Interviews zufällig aus einem Pool von 100 Interviews ausgewählt und vom Verfasser und einer Kollegin ausgewertet.

Zur Ermittlung der Beurteiler-Übereinstimmung wurden für jede der sieben Prototypen des EBPR Intra-Class-Koeffizienten (ICC) berechnet. Intra-Class-Koeffizienten haben gegenüber anderen Korrelationskoeffizienten den Vorteil, daß sie nicht nur die Übereinstimmung zweier Variablen bezüglich ihrer Richtung messen, sondern auch bezüglich des mittleren Niveaus der beiden Variablen. In diesem Sinne stellen sie ein strengeres Verfahren als andere Kennwerte der Beurteiler-Übereinstimmung dar.

Tab. 10: Inter-Rater-Reliabilität EBPR, zwei Rater, N=16 Interviews

Prototyp EBPR	ICC 21*
sichere Züge	.80
übersteigerte Abhängigkeit	.56
instabil beziehungsgestaltend	.76
zwanghaft fürsorglich	.57
zwanghaft selbstgenügsam	.82
übersteigert autonomiestrebend	.63
emotional ungebunden	.40

* ICC 21 = Intra-Class-Koeffizient (Single Measure Intraclass Correlation)
Es wird jeweils die durchschnittliche Übereinstimmung angegeben.

Die durchschnittlichen Reliabilitätskoeffizienten sind für alle Skalen befriedigend, so daß von einer befriedigenden Beurteiler-Reliabilität des Verfassers ausgegangen werden konnte. Die Ergebnisse der Fragebogen wurden elektronisch ausgewertet.

2.5.2 Statistische Analysen

Die Daten wurden mit Hilfe des statistischen Softwaresystems SPSS 8.0 auf einem PC mit 150 MHz Pentium-Prozessor analysiert. Stichprobengrößen von N=31 Straftäter, N=22 JV-Azubis und N=21 Gemeindemitglieder reichen aus, daß für spezifische Fragestellungen auch parametrische Verfahren angewendet werden können. Dennoch sind auf dieser Basis nur große statistische Effekte abgesichert (Bortz, 1993). Die geringe Teststärke würde bei genereller Anwendung der Alpha-Fehler-Adjustierung auf die Ergebnisse praktisch zwangsläufig zur Zurückweisung der Alternativhypothese führen. Aus diesem Grund wurde auf die Alpha-Fehler-Adjustierung verzichtet und die Interpretation der Ergebnisse dem daraus folgenden eingeschränkten Aussagegehalt angepaßt. Gerichtete Hypothesen wurden einseitig getestet, ansonsten zweiseitig, wobei die Alpha-Fehler-Wahrscheinlichkeit auf 10%, 5% bzw. 1% festgelegt wurde. Als Kriterium für die Ablehnung der Nullhypothese wurde das 5%-Niveau verwendet. Signifikante Ergebnisse werden jeweils im Fettdruck hervorgehoben.

Da es kein nonparametrisches Verfahren gibt, mit dem man die Effekte einer oder mehrerer unabhängiger Variablen auf mehrere abhängige Variablen untersuchen kann, wurden vor Durchführung nonparametrischer Berechnungen zur Analyse der Fremd- und Selbstbeurteilung des EBPR sowie der Fragebogendaten multivariate Varianzanalysen gerechnet. Die Datenstruktur erfüllt zum Teil die Voraussetzungen einer Varianzanalyse nicht (die Skalen für Bindungsstile sind ordinalskaliert, ebenso alle Daten, die auf einer Einschätzung auf einer Ratingskala basieren), so daß die Ergebnisse dieser Analysen mit Vorsicht zu betrachten sind. Sie geben jedoch Hinweise auf Zusammenhänge, die im Falle eines signifikanten Ergebnisses im Einzelvergleich dann statistisch korrekt mit nonparametrischen Verfahren (Kruskal-Wallis-H-Rangvarianzanalysen und Mann-Whitney-U-Tests) getestet werden. Durch das Vorschalten von multivariaten Tests kann das Problem der Alpha-Fehler-Kumulierung bei Anwendung mehrerer statistischer Tests an derselben Stichprobe positiv beeinflußt werden. Dasselbe Vorgehen wurde zur Überprüfung aller weiteren statistischen Hypothesen angewandt, deren Datenniveau wenigstens einer Ordinalskala entspricht. Effektstärken werden für alle Vergleiche angegeben, die sich auf die Bindungsstile beziehen, sowie für die signifikanten Gruppenvergleiche der auf Ordinal- oder Intervallskalenniveau basierenden Testergebnisse.

Tabelle 11 gibt einen zusammenfassenden Überblick über die in der vorliegenden Arbeit verwendeten Methoden und das statistische Vorgehen zur Datenanalyse.

Tab. 11: Überblick über Methoden und Datenanalyse

Frage-stel-lung	Hypo-these	unab-hängige Variablen	abhängige Variablen	Statistische Methode
HF*	H1	Gruppe	Bindungsstil (Skalen) Grobkategorien Prototypen	Kruskal-Wallis-H-Rangvarianzanalyse U-Test
NF*	H 2	Gruppe	Schulprobleme Sub-stanzmißbrauch Erzie-hung Gewalt und Mißbrauch-serfahrungen Intelligenz	Fishers exakter Test Kruskal-Wallis-H-Rangvarianzanalyse
NF	H3	Gruppe	Interpersonale Probleme	Kruskal-Wallis-H-Test U-Test
NF	H4	Gruppe	Kompetenz- und Kon-trollwahrnehmung	Einfaktorielle Varianza-nalyse U-Test
NF	H5	Gruppe	Selbstregulation	Kruskal-Wallis-H-Test U-Test
NF	H6	Gruppe	Persönlichkeits-faktoren	Einfaktorielle Varianza-nalyse U-Test
Explo-ration		Bindungs-stil (Grup-pe)	Interpersonale Probleme Kompetenz- und Kon-trollwahrnehmung selbstregulative Mecha-nismen Persönlichkeits-faktoren	Kruskal-Wallis-H-Test
Explo-ration			Schulprobleme Sub-stanzmißbrauch Erzie-hung Gewalt - und Miß-brauchserfahrungen	Fishers exakter Test

* HF = Hauptfragestellung   NF* = Untergeordnete Fragen

3. Ergebnisse

In den Abschnitten 3.3 bis 3.6 werden im Anschluß an die Darstellung der Gruppenunterschiede zu den Bindungsstilen (3.1) und den soziodemographischen Variablen Alter, Schulbildung und berufliche Qualifikation (3.2) die Ergebnisse zu den weiteren Unterschiedshypothesen beschrieben. Im Abschnitt 3.7 wird exploriert, ob und inwiefern sich Mittelwertunterschiede der Variablen in Abhängigkeit von den Bindungskategorien der Straftäter beschreiben lassen.

3.1 Bindungsstile

Im Folgenden werden zuerst die Ergebnisse der Grobkategorien des EBPR dargestellt, danach Fremdbeurteilung und Selbsteinschätzung der Probanden auf den sieben Prototypen des EBPR. Gezeigt werden jeweils Mittelwerte, Standardabweichungen und das Signifikanzniveau der jeweiligen Variablen.

3.1.1 Fremdbeurteilung des Bindungsstils

Die drei Gruppen wurden bezüglich des Bindungsstils folgendermaßen eingeschätzt:

Tab.12: Fremdbeurteilung des Bindungsstils. Absolute (abs) und relative (rel) Häufigkeiten.

Bindungsstil	Straftäter		JV-Azubis		Gemeinde-mitglieder		Gesamt	
	abs	rel	abs	rel	abs	rel	abs	rel
sicher	11	35,5	17	77,3	17	81,0	45	60,8
unsicher-ambivalent	6	19,4	0	0,0	1	4,8	7	9,5
unsicher-vermeidend	6	19,4	3	13,6	0	0,0	9	12,2
unsicher-gemischt	8	25,8	2	9,1	3	14,3	13	17,6
Gesamt	31	100	22	100	21	100	74	100

Fishers exakter Test für die 3x4-Tabelle erbrachte für dieses Datenmuster einen hoch signifikanten Wert von p = .004. Zur Ermittlung der Unterschiede zwischen Gruppen wurden Einzelvergleichstests gerechnet.

Tab.13: Einzelvergleichstests Bindungsstil x Gruppe (Fishers exakter Test)

	Straftäter/ JV-Azubis	Straftäter/ Gemeindemit- glieder	JV-Azubis/ Gemeinde- mitglieder
Bindungsstil	.013*	.008**	.289

~: p≤.10 (einseitig) *: p≤.05(einseitig) **: p≤.01 (einseitig) ***:p≤.001 (einseitig)

Für den Gruppenvergleich JV-Azubis x Gemeindemitglieder wird aufgrund der ungerichteten Fragestellung das zweiseitige Signifikanzniveau angegeben.

Die Bindungsstile der Straftäter unterscheiden sich signifikant von jenen beider Vergleichsgruppen. JV-Azubis und Gemeindemitglieder unterscheiden sich bezüglich ihres Bindungsstils nicht.

3.1.2 Fremdbeurteilung des Prototypenratings

Die multivariate Varianzanalyse mit der UV Gruppenzugehörigkeit und den AVs Prototypen 1-7 des EBPR führte zu einem hochsignifikanten Ergebnis: Wilks-Lambda = 0,508, $F_{(12;132)}$ = 4,430, p ≤.001, Eta-Quadrat = 0,29. Es kann also von unterschiedlichen Effekten der unabhängigen Variablen auf die abhängigen Variablen ausgegangen werden.

Bei der Auswertung des EBPR werden für jede Person Rankings der sieben Prototypen nach ihrem relativen Ausprägungsgrad vorgenommen. Die höchste Ausprägung eines Bindungsprototypen erhält den Rang 1 und die niedrigste den Rang 7. Für die Darstellung der Ergebnisse wurde dieses Vorgehen konsequent beibehalten, so daß der Wertebereich (Mittelwerte) des Prototypenrankings in den Tabellen 14 bis 18 von eins (sehr starke Ausprägung) bis sieben (sehr geringe Ausprägung) variiert.

Tab. 14: Fremdbeurteilung des Bindungsstils. Mittelwerte (M) und Standardabweichungen (S) (Kruskal-Wallis-H-Tests, Monte-Carlo-Testverfahren, basierend auf 10000 Stichprobentabellen).

	Straftäter (N=31)		JV-Azubis (N=22)		Gemeinde-mitglieder (N=21)		
Prototyp	M	S	M	S	M	S	p
P1	3,39	2,01	1,59	1,18	1,62	0,92	.001***
P2	4,65	2,27	3,59	1,22	3,81	2,02	.173
P3	3,13	1,65	5,41	1,68	4,48	1,60	.001***
P4	5,39	1,43	4,32	1,36	4,19	1,03	.002**
P5	2,94	1,46	2,23	0,87	2,14	0,79	.091~
P6	3,74	1,83	5,23	1,38	5,57	1,29	.001***
P7	4,78	2,01	5,64	1,73	6,19	1,03	.024*

~: p≤.10   *: p≤.05   **: p≤.01   ***: p≤.001

P1: sichere Züge
P2: übersteigert abhängig
P3: instabil beziehungsgestaltend
P4: zwanghaft fürsorglich

P5: zwanghaft selbstgenügsam
P6: übersteigert autonomiestrebend
P7: emotional ungebunden

Die mittlere Ausprägung der Prototypen 1,3,4,6 und 7 unterscheiden sich signifikant zwischen den drei Gruppen. Zur Identifikation der Gruppen, auf denen die Unterschiede basieren, wurden Mann-Whitney-U-Tests gerechnet. Es werden jeweils exakte Wahrscheinlichkeiten für die Gruppenunterschiede angegeben.

Gruppenvergleich Straftäter/JV-Azubis:

Die multivariate Varianzanalyse (UV Gruppe Straftäter x JV-Azubis, AVs Prototypen 1-7 des EBPR) erbrachte folgendes hoch signifikantes Ergebnis: Wilks-Lambda = 0,562, $F_{(6;46)}$ = 4,430, p ≤.001, Eta-Quadrat = 0,44.

Tab.15: Einzelvergleich der Gruppen Straftäter x JV-Azubis im EB-Prototypenranking (U-Tests, exakte Wahrscheinlichkeit). Mittelwerte (M), Standardabweichungen (S) und Effektstärken (ES).

	Straftäter (N=31)		JV-Azubis (N=22)			
Prototyp	M	S	M	S	ES	P
P1	3,39	2,01	1,59	1,18	-1,05	.001***
P2	4,65	2,27	3,59	1,22	-0,56	.034*
P3	3,13	1,65	5,41	1,68	+1,37	.001***
P4	5,39	1,43	4,32	1,36	-0,76	.004**
P5	2,94	1,46	2,23	0,87	-0,57	.044*
P6	3,74	1,83	5,23	1,38	+0,90	.002**
P7	4,78	2,01	5,64	1,73	+0,45	.056 ~

~: p≤.10 *: p≤.05   **: p≤.01   ***: p≤.001

P1: sichere Züge   P5: zwanghaft selbstgenügsam
P2: übersteigert abhängig   P6: übersteigert autonomiestrebend
P3: instabil beziehungsgestaltend P7: emotional ungebunden
P4: zwanghaft fürsorglich

Straftäter haben niedrigere Ausprägungen in den Prototypen P1 "sichere Züge", P2 "übersteigert abhängig", P4 "zwanghaft fürsorglich" und P5 "zwanghaft selbstgenügsam" als die JV-Azubis. Höher eingeschätzt wurden sie in den Prototypen P3 "instabil beziehungsgestaltend" und P6 "übersteigert autonomiestrebend". Entgegen den Erwartungen wurde der Gruppenvergleich in Prototyp 7 "emotional ungebunden" nicht signifikant (p<.05).

Gruppenvergleich Straftäter/Gemeindemitglieder:

Die multivariate Varianzanalyse (UV Gruppe Straftäter x Gemeindemitglieder, AVs Prototypen 1-7 des EBPR) erbrachte folgendes Ergebnis: Wilks-Lambda = 0,596, $F_{(6;45)}$ = 5,084, p ≤.001, Eta-Quadrat = 0,40.

Tab.16: Einzelvergleich der Gruppen Straftäter x Gemeindemitglieder im EB-Prototypenranking (U-Tests, exakte Wahrscheinlichkeit). Mittelwerte (M), Standard-abweichungen (S) und Effektstärken (ES).

Prototyp	Straftäter (N=31)		Gemeindemitglieder (N=21)		ES	p
	M	S	M	S		
P1	3,39	2,01	1,62	0,92	-1,06	.001***
P2	4,65	2,27	3,81	2,02	-0,39	.107
P3	3,13	1,65	4,48	1,60	+0,83	.002**
P4	5,39	1,43	4,19	1,03	-0,93	.001**
P5	2,94	1,46	2,14	0,79	-0,65	.030*
P6	3,74	1,83	5,57	1,29	+1,12	.001***
P7	4,78	2,01	6,19	1,03	+0,84	.005**

~: $p \leq .10$ *: $p \leq .05$ **: $p \leq .01$ ***: $p \leq .001$

P1: sichere Züge   P5: zwanghaft selbstgenügsam
P2: übersteigert abhängig   P6: übersteigert autonomiestrebend
P3: instabil beziehungsgestaltend P7: emotional ungebunden
P4: zwanghaft fürsorglich

Die Gruppe der Straftäter weist geringere Ausprägungen auf als die Gemeinde-mitglieder in den Prototypen P1 "sichere Züge", P4 "zwanghaft fürsorglich", und P5 "zwanghaft selbstgenügsam". Höhere Ausprägungen finden sich in der Ein-schätzung zu den Prototypen P3 "instabil beziehungsgestaltend", P6 "übersteigert autonomiestrebend" und P7 "emotional ungebunden".

Gruppenvergleich JV-Azubis/Gemeindemitglieder:

Die multivariate Varianzanalyse (UV Gruppe JV-Azubis x Gemeindemitglieder, AVs Prototypen 1-7 des EBPR) erbrachte folgendes Ergebnis:
Wilks-Lambda = 0,845, $F_{(6;36)}$ = 1,099, p =.382, Eta-Quadrat = 0,16. Das Ergebnis ist nicht signifikant, so daß signifikante Einzelvergleiche der Prototypen mit Zu-rückhaltung zu interpretieren sind.

Tab.17: Einzelvergleich der Gruppen JV-Azubis x Gemeindemitglieder im EB-Prototypenranking (U-Tests, exakte Wahrscheinlichkeit). Mittelwerte (M), Standard-abweichungen (S) und Effektstärken (ES).

	JV-Azubis (N=22)		Gemeindemitglieder (N=21)			
Prototyp	M	S	M	S	ES	p
P1	1,59	1,18	1,62	0,92	+0,03	.489
P2	3,59	1,22	3,81	2,02	+0,13	.926
P3	5,41	1,68	4,48	1,60	-0,57	.033*
P4	4,32	1,36	4,19	1,03	-0,11	.890
P5	2,23	0,87	2,14	0,79	-0,11	1.000
P6	5,23	1,38	5,57	1,29	+0,25	.378
P7	5,64	1,73	6,19	1,03	+0,38	.402

~: p≤.10 *: p≤.05   **: p≤.01   ***: p≤.001

P1: sichere Züge   P5: zwanghaft selbstgenügsam
P2: übersteigert abhängig   P6: übersteigert autonomiestrebend
P3: instabil beziehungsgestaltend   P7: emotional ungebunden
P4: zwanghaft fürsorglich

Gemeindemitglieder wurden im Prototyp 3 "instabil beziehungsgestaltend" signifikant höher eingeschätzt als die JV-Azubis.

3.1.3 Selbstbeurteilung der Probanden

Die multivariate Varianzanalyse (UV Gruppe Straftäter x JV-Azubis x Gemeindemitglieder, AVs Prototypen 1-7 des EBPR) erbrachte folgendes Ergebnis: Wilks-Lambda = 0,749, $F_{(12;112)}$ = 1,449, p =.155, Eta-Quadrat = 0,13. In Abhängigkeit von der Gruppenzugehörigkeit bestehen keine Unterschiede zwischen der Selbstbeurteilung aller Probanden im Bindungsprototypenrating.

Tabelle 18 stellt die Ergebnisse der Selbstbeurteilung für alle sieben Prototypen dar.

Tab.18: Selbstbeurteilung des Bindungsstils (Kruskal-Wallis-H-Tests, Monte-Carlo-Testverfahren, basierend auf 10000 Stichprobentabellen). Mittelwerte (M) und Standardabweichungen (S).

	Straftäter (26≤N≤27)			JV-Azubis (19≤N≤20)			Gemeinde-mitglieder (N=19)		
Prototyp	N	M	S	N	M	S	M	S	p
P1	26	2,62	2,16	20	2,15	1,76	1,74	1,19	.262
P2	26	5,31	1,69	20	5,55	1,70	5,00	1,49	.403
P3	27	5,25	1,83	20	5,40	1,57	6,11	1,10	.218
P4	27	3,70	1,73	19	3,47	1,43	3,32	1,46	.720
P5	26	3,92	1,57	20	2,95	1,70	3,26	1,69	.116
P6	27	3,81	1,88	19	4,21	1,58	4,53	1,50	.350
P7	27	3,37	1,92	20	4,30	2,00	4,05	2,22	.262

~: p≤.10 *: p≤.05   **: p≤.01   ***: p≤.001

P1: sichere Züge   P5: zwanghaft selbstgenügsam
P2: übersteigert abhängig   P6: übersteigert autonomiestrebend
P3: instabil beziehungsgestaltend   P7: emotional ungebunden
P4: zwanghaft fürsorglich

Bezüglich der Selbsteinschätzung auf den sieben Prototypen des EBPR ergaben sich keine Unterschiede zwischen den Gruppen.

3.1.4 Fremd- und Selbstbeurteilung im Vergleich

Betrachtet man jede Gruppe für sich, gibt es erhebliche Unterschiede zwischen Fremd- und Selbstbeurteilung der Prototypen des EBPR. Um mögliche Beurteilungsunterschiede innerhalb der Gruppen zu überprüfen, wurden zunächst Varianzanalysen mit Meßwiederholungen gerechnet (Faktor eins: Gruppe, drei Stufen; Faktor zwei: Prototyp des EBPR mit den Stufen Fremd- und Selbstbeurteilung). Drei der sieben Varianzanalysen ergaben signifikante Wechselwirkungseffekte (Prototyp x Gruppe): Interaktion P1 "Sichere Züge" x Gruppe: Wilks-Lambda = 0,898, $F_{(2;62)}$ = 3,513, p<.05, Eta-Quadrat =0,10.

Interaktion P3 "instabil beziehungsgestaltend" x Gruppe: Wilks-Lambda = 0,824, $F_{(2;62)}$ = 6,721, p<.01, Eta-Quadrat = 0,18.
Interaktion P6 "übersteigert autonomiestrebend" x Gruppe: Wilks-Lambda = 0,905, $F_{(2;62)}$ = 3,243, P<.05, Eta-Quadrat = 0, 10.
Aufgrund der signifikanten Wechselwirkungseffekte der Varianzanalysen wurden zur genaueren Ermittlung der Übereinstimmung zwischen Fremd- und Selbstbeurteilung im EBPR für jede Gruppe jeweils ein Wilcoxon-Test und eine Spearman-Rangkorrelation gerechnet.

Tab.19: Einzelvergleiche zwischen Fremd- und Selbstbeurteilung im Prototypenranking des EBPR. Wilcoxon-Tests (Monte-Carlo-Testverfahren, basierend auf 10000 Stichprobentabellen) und Spearman-Rangkorrelationen (rho).

	Straftäter (N=26)		JV-Azubis (N=19)		Gemeindemitglieder (N=19)	
	p	rho	p	rho	p	rho
P1	.018*	.48*	.351	-.17	.972	.53*
P2	.299	-.14	.001***	.07	.007**	.47*
P3	.001***	.19	.976	.16	.002**	.02
P4	.001***	.26	.105	.09	.047*	-.01
P5	.024*	-.03	.137	.06	.008**	.24
P6	.768	.43*	.037*	.01	.018*	-.17
P7	.017*	.05	.044*	-.13	.001***	.15

-: p≤.10   *: p≤.05   **: p≤.01   ***: p≤.001

P1: sichere Züge   P5: zwanghaft selbstgenügsam
P2: übersteigert abhängig   P6: übersteigert autonomiestrebend
P3: instabil beziehungsgestaltend   P7: emotional ungebunden
P4: zwanghaft fürsorglich

Fremd- und Selbstbeurteilungen divergieren in allen drei Untersuchungsgruppen, besonders deutlich aber bei den Straftätern und den Gemeindemitgliedern.

3.2 Soziodemographische Variablen

Zur Ermittlung von Gruppenunterschieden wurden für die Variablen Alter, Schulbildung und berufliche Qualifikation jeweils drei U-Tests gerechnet (vgl. die Tabellen 1 bis 6, Kap. 2.2.1 und 2.2.2).

1. Alter

Aufgrund inhomogener Varianzen (Levene-Statistik = 3,381, $p<.05$) wurde zur Ermittlung der Gruppenunterschiede ein nonparametrisches Verfahren (Kruskal-Wallis-H-Rangvarianzanalyse) gerechnet. Es besteht ein signifikanter Altersunterschied zwischen den Gruppen (Monte-Carlo-Testverfahren, 10000 Stichprobentabellen, $p<.05$).

Zum Einzelvergleich zwischen den Gruppen wurden drei U-Tests gerechnet. Gruppenvergleiche:
Straftäter x JV-Azubis   ($p<.05$);
Straftäter x Gemeindemitglieder   (ns);
JV-Azubis x Gemeindemitglieder   ($p<.01$).

Straftäter und Gemeindemitglieder sind statistisch signifikant älter als die JV-Azubis.

2. Schulbildung

Es gibt statistisch signifikante Unterschiede in der Schulausbildung der drei Gruppen (Kruskal-Wallis-H-Test, $p\le.001$, Monte-Carlo-Testverfahren, 10000 Stichprobentabellen).

Zum Einzelvergleich zwischen den Gruppen wurden drei U-Tests gerechnet. Gruppenvergleiche:
Straftäter x JV-Azubis   ($p<.05$);
Straftäter x Gemeindemitglieder   ($p\le.001$);
JV-Azubis x Gemeindemitglieder   ($p<.01$).

Beide Vergleichsgruppen haben eine höhere Schulbildung als die Straftätergruppe. Die Gemeindemitglieder haben höhere Schulbildung als die JV-Azubis.

3. Berufliche Qualifikation

Die Gruppenunterschiede bezüglich der Berufsausbildung der drei Gruppen sind statistisch signifikant (Kruskal-Wallis-H-Test, p≤.001, Monte-Carlo-Testverfahren, 10000 Stichprobentabellen).

Zum Einzelvergleich zwischen den Gruppen wurden drei U-Tests gerechnet.
Gruppenvergleiche:
Straftäter x JV-Azubis   (p≤.001);
Straftäter x Gemeindemitglieder (p≤.001);
JV-Azubis x Gemeindemitglieder   (p<.05).

Beide Vergleichsgruppen sind besser ausgebildet als die Straftätergruppe. Die Gemeindemitglieder haben eine höhere berufliche Qualifikation als die JV-Azubis.

4. Intelligenz

Der mittlere IQ beträgt in der Straftätergruppe IQ= 107 (S= 15,5), in der Gruppe der JV-Azubis IQ= 109 (S= 16,8) und in der Gruppe der Gemeindemitglieder ebenfalls IQ=109 (S= 13,8). Alle drei Gruppen liegen damit im Bevölkerungsdurchschnitt.

Zur Berechnung von Gruppenunterschieden wurde in den Abschnitten 3.2.1 bis 3.2.4 jeweils Fishers exakter Test durchgeführt. Überprüft wurde Hypothese zwei. Den globalen Vergleichen folgt im Falle signifikanter Unterschiede zwischen den drei Gruppen jeweils ein Einzelvergleich. Dargestellt werden Schulprobleme (3.2.1), Substanzmißbrauch (3.2.2), Erziehungsfaktoren (3.2.3) und Gewalterfahrungen in der Familie (3.2.4).

3.2.1. Schulprobleme

Tab. 20: Schulprobleme (Fishers exakter Test, Monte-Carlo-Verfahren mit 10000 Stichprobentabellen). Absolute (abs) und relative (rel) Häufigkeiten. Mehrfachnennungen sind möglich.

Variable	N	Straftäter (30<N<31)		JV-Azubis (N=22)		Gemeindemitglieder (N=20)		p
		abs.	rel	abs.	rel	abs.	rel	
V1 Schwänz.	31	10	**32,2**	1	**4,5**	2	**10**	.027*
V2 Schulverw.	30	5	**16,7**	2	**9**	1	**5**	.524
V3 Konzentr.	31	8	**25,8**	4	**18,2**	2	**10**	.436
V4 Schulangst	31	2	**6,5**	1	**4,5**	3	**15**	.487

~: p≤.10   *: p≤.05   **: p≤.01   ***: p≤.001

V1 häufiges Schuleschwänzen
V2 Schulverweis (wenigstens einmal in der Schulkarriere)
V3 Konzentrations- und Aufmerksamkeitsprobleme (einmalig oder mehrmalig)
V4 häufig Angst vor der Schule

Da Fishers exakter Test für die Variable V1 (Schuleschwänzen) signifikant wurde, werden im folgenden für diese Variable Einzelvergleiche zwischen den Gruppen dargestellt. Für den Gruppenvergleich JV-Azubis x Gemeindemitglieder wird aufgrund der ungerichteten Fragestellung das zweiseitige Signifikanzniveau angegeben.

Gruppenvergleiche (Fishers exakter Test)

Straftäter x JV-Azubis   **p= .014**
Straftäter x Gemeindemitglieder   p= .065
JV-Azubis x Gemeindemitglieder   p= .598

Die Straftäter gaben häufiger an, die Schule wenigstens zeitweise geschwänzt zu haben als die JV-Azubis.
Die Gruppenvergleiche Straftäter x Gemeindemitglieder und JV-Azubis x Gemeindemitglieder sind nicht signifikant (p≤.05).

3.2.2 Substanzmißbrauch

Tab. 21: Substanzmißbrauch, Suizidversuche und schwere Krankheiten (Fishers exakter Test, Monte-Carlo-Verfahren mit 10000 Stichprobentabellen). Absolute (abs) und relative (rel) Häufigkeiten.

	Straftäter (N=31)		JV-Azubis (N=22)		Gemeinde-mitglieder (N=20)		
Variable	abs.	rel.	abs.	rel.	abs.	rel.	p
V1 Alkohol	7	22,6	0	0	1	5	.023*
V2 Drogen	2	6,5	0	0	1	5	.613
V3 Medikam.	1	3,2	0	0	0	0	1.000
V4 Suizidvers.	7	22,6	0	0	0	0	.006**
V5 Krankh.	8	25,8	8	36,4	3	15	.317

~: $p \leq .10$ *: $p \leq .05$ **: $p \leq .01$ ***: $p \leq .001$

V1 Alkohol: Alkoholabhängigkeit oder Alkoholmißbrauch des Probanden

V2 Drogen: Drogenabhängigkeit bzw. Drogenmißbrauch

V3 Medikamente: Medikamentenmißbrauch

V4 Suizidversuche: Wenigstens ein Suizidversuch im Lebensverlauf

V5 Schwere Krankheiten: Vom Probanden selbst als schwere Erkrankungen bezeichnete körperliche Beeinträchtigungen, wenigstens einmal im Lebensverlauf

Zwischen den Gruppen bestehen signifikante Unterschiede bezüglich der Variablen "Alkohol" und "Suizidversuche". Zur Ermittlung der Gruppenunterschiede wurden Einzelvergleiche durchgeführt.

Tab. 22: Einzelvergleiche zwischen den Gruppen zu Substanzmißbrauch (Fishers exakter Test)

Variable	Straftäter/JV-Azubis	Straftäter/Gemeinde-mitglieder	JV-Azubis/Gemeinde-mitglieder
Alkohol	.017*	.095	.476
Suizidversuche	.017*	.023*	1.000

~: $p \leq .10$ (einseitig) *: $p \leq .05$ (einseitig) **: $p \leq .01$ (einseitig) ***: $p \leq .001$ (einseitig)

Für den Gruppenvergleich JV-Azubis x Gemeindemitglieder wird aufgrund der ungerichteten Fragestellung das zweiseitige Signifikanzniveau angegeben.

Die Straftätergruppe gab signifikant häufiger Alkoholprobleme als die JV-Azubis an, aber nicht häufiger als die Gemeindemitglieder. JV-Azubis und Gemeindemitglieder unterscheiden sich bezüglich der Variable "Alkoholprobleme" nicht. Suizidversuche (mindestens einer im Laufe des Lebens) wurden in der Straftätergruppe häufiger genannt als in den beiden Vergleichsgruppen.

3.2.3 Erziehung

Tab. 23: Kontinuität elterlicher Fürsorge (Fishers exakter Test, Monte-Carlo-Verfahren mit 10000 Stichprobentabellen). Absolute (abs) und relative (rel) Häufigkeiten.

| Variable | N | Straftäter (24≤N≤26) | | JV-Azubis (N=22) | | Gemeinde- mitglieder (N=20) | | p |
		abs	rel	abs	rel	abs	rel	
V1 Eltern	26	16	61,5	19	86,4	20	100	.002**
V2 Stiefeltern	26	5	19,2	3	13,6	0	0	.124
V3 Trennung	24	4	16,7	0	0	2	10	.152
V4 Kinderh.	25	6	24	0	0	0	0	.003**

~: p≤.10   *: p≤.05   **: p≤.01   ***: p≤.001

V1 Proband ist kontinuierlich bei Eltern und/oder Großeltern aufgewachsen
V2 Proband ist zumindest zeitweise bei Stiefeltern aufgewachsen
V3 Trennung des Probanden von den Eltern vor dem 14. Lebensjahr für mehr als 6 Monate
V4 Proband ist zeitweise im Kinderheim aufgewachsen

Zur Ermittlung der Gruppenunterschiede zwischen den Variablen V1 Eltern und V4 Kinderheim wurden Einzelvergleichstests durchgeführt.

Tab. 24: Einzelvergleiche zwischen den Gruppen zu erzieherischer Kontinuität (Fishers exakter Test)

Variable	Straftäter/ JV-Azubis	Straftäter/ Gemeindemitglieder	JV-Azubis/ Gemeindemitglieder
V1 Eltern	.053 ~	.001**	.233
V4 Kinderheim	.022*	.016*	1.000

~: p≤.10 (einseitig) *: p≤.05(einseitig) **: p≤.01 (einseitig) ***: p≤.001 (einseitig)

Für den Gruppenvergleich JV-Azubis x Gemeindemitglieder wird aufgrund der ungerichteten Fragestellung das zweiseitige Signifikanzniveau angegeben.

Gemeindemitglieder wuchsen deutlich häufiger ohne Unterbrechung bei den Eltern und/oder Großeltern auf. Straftäter machten in ihrer Kindheit und Jugend häufiger Heimerfahrungen als beide Vergleichsgruppen.

3.2.4 Gewalterfahrungen in der Herkunftsfamilie

Tab. 25: Gewalterfahrungen der Probanden in der Herkunftsfamilie (Fishers exakter Test, Monte-Carlo-Verfahren mit 10000 Stichprobentabellen). Absolute (abs) und relative (rel) Häufigkeiten.

	Straftäter (N = 31)		JV-Azubis (N = 22)		Gemeindemitglieder (N = 20)		
Variable	abs	rel	abs	rel	abs	rel	p
V1 Vater	12	38,7	2	9,1	1	5	.007**
V2 Mutter	4	12,9	1	4,5	1	5	.569
V3 V vs. M	6	19,4	0	0	1	5	.048*
V4 P vs. E	4	12,9	0	0	1	5	.174
V5 Kinder	1	3,2	1	4,5	12	60	.001***

~: p≤.10   *: p≤.05   **: p≤.01   ***: p≤.001

V1 Gewalttätige Handlungen des Vaters gegen den Probanden
V2 Gewalttätige Handlungen der Mutter gegen den Probanden
V3 Gewalttätige Handlungen des Vaters gegenüber der Mutter
V4 Gewalttätige Handlungen des Probanden gegen ein oder beide Elternteile
V5 Gewalttätige Handlungen der Geschwister untereinander

Die Einzelvergleichstests führten für die Variablen V1 "Vater", V3 "V vs. M" und V5 "Kinder" zu folgenden Ergebnissen:

Tab. 26: Einzelvergleiche zwischen den Gruppen zu Gewalterfahrungen in der Herkunftsfamilie (Fishers exakter Test)

Variable	Straftäter/JV-Azubis	Straftäter/Gemeinde-mitglieder	JV-Azubis/Gemeinde-mitglieder
V1 Vater	.016*	.006**	1.000
V3 V vs. M	.032*	.150	.476
V5 Kinder	.663	.001***	.001***

~: p≤.10 (einseitig) *: p≤.05(einseitig) **: p≤.01 (einseitig) ***: p≤.001 (einseitig)

Für den Gruppenvergleich JV-Azubis x Gemeindemitglieder wird aufgrund der ungerichteten Fragestellung das zweiseitige Signifikanzniveau angegeben.

V1 Gewalttätige Handlungen des Vaters gegen den Probanden

V3 Gewalttätige Handlungen des Vaters gegenüber der Mutter

V5 Gewalttätige Handlungen der Geschwister untereinander

Die Straftätergruppe berichtete häufiger von gewalttätigen Handlungen seitens des Vaters als JV-Azubis und Gemeindemitglieder. Im Vergleich zu den JV-Azubis gaben die Straftäter häufiger gewalttätige Übergriffe des Vaters gegenüber der Mutter an.

Die Gruppe der Gemeindemitglieder berichtete häufiger von Gewalterfahrungen der Kinder untereinander (unter Geschwistern) als die Straftäter und JV-Azubis.

3.3 Interpersonale Probleme

Überprüft wurde die Hypothese, daß die Gruppe der Straftäter größere Probleme in der Organisation und Gestaltung interpersonaler Beziehungen hat als die nicht straffälligen Gruppen.

Eine multivariate Varianzanalyse mit der unabhängigen Variablen Gruppen-zugehörigkeit und den abhängigen Variablen "zu autokratisch/dominant", "zu streit-süchtig/konkurrierend", "zu abweisend/kalt", "zu introvertiert/sozial vermeidend", "zu selbstunsicher/unterwürfig", "zu ausnutzbar/nachgiebig", "zu fürsorglich/freundlich", "zu expressiv/aufdringlich" ergab folgendes Ergebnis: Wilks-Lambda = 0,64, $F_{(16;108)}$ = 1,68, p=.061, Eta-Quadrat = 0,20.

Eine der Voraussetzungen zur Durchführung einer Varianzanalyse ist die Homogenität der Varianzen zwischen den einzelnen Zellen. Zur Überprüfung dieser Voraussetzung wurde ein Varianzhomogenitätstest für die entsprechenden Skalen durchgeführt. Der Test lieferte zum Teil signifikante Ergebnisse (Skala "zu abweisend/kalt", Levene-Statistik = 4,772, p<.05, Skala "zu fürsorglich/freundlich Levene-Statistik = 3,556, p =.035, Skala " Mittelwert IIP-Gesamt, Levene-Statistik = 3,682, p<.05), so daß das Ergebnis der multivariaten Analyse mit Vorsicht zu interpretieren ist. Deshalb wurde der parametrischen die konservative Hypothesenüberprüfung mittels nonparametrischer Verfahren (Kruskal-Wallis-H-Test) vorgezogen.

Tab. 27: Skalenwerte (Summenwerte) des IIP-D (Kruskal-Wallis-H-Tests, Monte-Carlo-Testverfahren, basierend auf 10000 Stichprobentabellen). Mittelwerte (M) und Standardabweichungen (S).

Skala	Straftäter (N=29)		JV-Azubis (N=20)		Gemeinde-mitglieder (N=15)		p
	M	S	M	S	M	S	
IIP-PA	9,17	5,37	6,85	4,07	6,80	3,57	.151
IIP-BC	10,93	4,28	8,95	3,72	6,47	2,97	.003**
IIP-DE	11,38	6,14	8,15	3,99	7,20	3,91	.073 ~
IIP-FG	10,97	6,35	7,95	5,08	8,93	4,37	.163
IIP-HI	10,97	5,27	9,60	5,14	12,00	4,09	.450
IIP-JK	11,72	5,22	11,00	5,96	13,73	3,35	.223
IIP-LM	11,97	5,58	11,85	5,51	12,53	2,64	.928
IIP-NO	9,69	6,13	9,55	4,73	10,47	4,12	.789
IIP-DO	0,35	2,26	0,22	3,38	-1,55	2,51	.065 ~
IIP-ZU	1,40	3,86	3,02	3,54	4,70	3,40	.012*
IIP gesamt	10,85	4,35	9,24	3,42	9,77	1,96	.291

~: p≤.10   *: p≤.05   **: p≤.01   ***: p≤.001

PA zu autokratisch/dominant

BC zu streitsüchtig/konkurrierend

DE zu abweisend/ kalt

FG zu introvertiert/sozial vermeidend

DO Dimension Dominanz

IIP-D gesamt Gesamtwert

HI zu selbstunsicher/unterwürfig

JK zu ausnutzbar/nachgiebig

LM zu fürsorglich/ freundlich

NO zu expressiv/aufdringlich

ZU Dimension Zuneigung

Wie Tabelle 27 zu entnehmen ist, gibt es mit Ausnahme der Skalen "zu streitsüchtig/konkurrierend" und der Zuneigungsdimension keine statistisch signifikanten Unterschiede bezüglich verschiedener interpersonaler Problembereiche zwischen den Gruppen.

Für die Skalen "zu streitsüchtig/konkurrierend", "zu abweisend/kalt", Dominanz und Zuneigung wurden U-Tests zur Ermittlung der Gruppenunterschiede gerechnet.

Tab. 28: Einzelvergleichstests und Effektstärken (ES) für die Skalen BC, DE, DO und ZU (U-Tests, Monte-Carlo-Testverfahren, basierend auf 10000 Stichprobentabellen).

Skala	Straftäter/ JV-Azubis		Straftäter/ Gemeindemit- glieder		JV-Azubis/ Gemeinde- mitglieder	
	p	ES	p	ES	p	ES
BC	.061 ~	-0,49	.001***	-1,17	.132	-0,72
DE	.063 ~	-0,60	.051 ~	-0,78	.848	-0,24
DO	.335	+0,02	.020*	-0,76	.039*	-0,61
ZU	.059 ~	+0,48	.003**	+0,92	.080 ~	+0,46

~: p≤.10 (einseitig) *: p≤.05(einseitig) **: p≤.01 (einseitig) ***: p≤.001 (einseitig)

Für den Gruppenvergleich JV-Azubis x Gemeindemitglieder wird aufgrund der ungerichteten Fragestellung das zweiseitige Signifikanzniveau angegeben.

BC zu streitsüchtig/konkurrierend   DE zu abweisend/ kalt
DO Dimension Dominanz   ZU Dimension Zuneigung

Straftäter haben signifikant höhere Scores als die Gemeindemitglieder in den Skalen "zu streitsüchtig/konkurrierend" und der Dominanzdimension. Niedrigere Skalenmittelwerte haben sie in der Zuneigungsdimension. Auch die JV-Azubis haben höhere Dominanzwerte als die Gemeindemitglieder. Von den Straftätern unterscheiden sich die JV-Azubis durch niedrigere Skalenmittelwerte auf der Dominanzdimension.

Im Vergleich zur Normstichprobe des IIP-D (N= 1335, Horowitz et al., 1994) ergab ein Wilcoxon-Test über die acht Skalen für die Straftätergruppe signifikant höhere Werte in der Skala "zu streitsüchtig/konkurrierend" (p<.05) und niedrigere Werte in

den Skalen "zu selbstunsicher/unterwürfig" (p<.01), und "zu ausnutzbar/nach-
giebig" (p<.05). Die JV-Azubis haben niedrigere Skalenwerte als die Normstichprobe in der Gesamtskala des IIP-D (p<.05) und den Einzelskalen "zu ab-
weisend/kalt" (p<.01), "zu introvertiert/sozial vermeidend" (p<.01), "zu selbstun-
sicher/unterwürfig" (p<.01) und "zu ausnutzbar/nachgiebig" (p<.05). Auch die Gemeindemitglieder unterscheiden sich von der Normstichprobe durch niedrigere
Skalenwerte in der Gesamtskala (p<.01) und den Skalen "zu abweisend/kalt"
(p<.01), "zu streitsüchtig/konkurrierend" (p<.01), "zu introvertiert/sozial vermeidend" (p<.05) und "zu fürsorglich/freundlich" (p<.05).

3.4 Kompetenz- und Kontrollwahrnehmung

Die folgenden Berechnungen überprüfen die Hypothese, daß sich Straftäter von den
Vergleichsgruppen bezüglich ihrer Kompetenz- und Kontrollwahrnehmungen un-
terscheiden.
Eine multivariate Varianzanalyse mit der unabhängigen Variablen "Gruppen-
zugehörigkeit" und den abhängigen Variablen FKK-SK "Selbstkonzept eigener
Fähigkeiten", FKK-I "Internalität", FKK-P "Soziale Externalität", FKK-C "Fatal-
istische Externalität", SKI "Selbstwirksamkeit", PC "Externalität" und SKI-PC
"Internalität vs. Externalität" führte zu einem signifikanten Ergebnis
(Wilks-Lambda = .730, $F_{(8;122)}$ =2,604, p<.05, Eta-Quadrat=.15).

Aufgrund gefährdeter Voraussetzungen für die Berechnung parametrischer Mit-
telwertsvergleiche wurde im Folgenden für die Verwendung nonparametrischer
Signifikanztests entschieden.

Tab. 29: Skalenwerte (Summenwerte) des FKK (Kruskal-Wallis-H-Tests, Monte-Carlo-Testverfahren, basierend auf 10000 Stichprobentabellen). Mittelwerte (M) und Standardabweichungen (S).

Skala	Straftäter (N=29)		JV-Azubis (N=20)		Gemeinde-mitglieder (N=18)		p
	M	S	M	S	M	S	
FKK-SK	29,24	3,90	27,00	3,57	29,56	2,52	.033*
FKK-I	32,17	4,32	32,90	4,28	32,11	5,22	.608
FKK-P	22,93	6,33	22,80	5,90	22,44	5,31	.972
FKK-C	24,93	6,11	22,00	6,74	19,39	6,17	.011*
FKK-SKI	61,41	6,29	59,90	4,93	61,67	6,03	.331
FKK-PC	47,86	9,76	44,80	12,00	41,83	10,71	.150
FKK-SKI-PC	13,55	9,83	15,10	11,46	19,83	11,89	.226

~: p≤.10   *: p≤.05   **: p≤.01   ***: p≤.001

FKK-SK	Selbstkonzept eigener Fähigkeiten
FKK-I	Internalität
FKK-P	Soziale Externalität
FKK-C	Fatalistische Externalität
FKK-SKI	Selbstwirksamkeit
FKK-PC	Externalität
FKK-SKI-PC	Internalität vs. Externalität

Es gibt signifikante Gruppenunterschiede bezüglich der Skalen FKK-SK und FKK-C. Zur Klärung der Unterschiede wurden Einzelvergleichstests gerechnet.

Tab. 30: Einzelvergleichstests und Effektstärken (ES) für die Skalen FKK-SK und FKK-C (U-Tests, Monte-Carlo-Testverfahren, basierend auf 10000 Stichproben-tabellen).

	Straftäter/JV-Azubis		Straftäter/Gemeinde-mitglieder		JV-Azubis/Gemeinde-mitglieder	
	p	ES	p	ES	p	ES
FKK-SK	.016*	- 0,59	.469	+ 0,09	.012*	+ 0,82
FKK-C	.071 ~	- 0,46	.001***	- 0,90	.211	- 0,40

~: p≤.10 (einseitig) *: p≤.05(einseitig) **: p≤.01 (einseitig) ***: p≤.001 (einseitig)

Für den Gruppenvergleich JV-Azubis x Gemeindemitglieder wird aufgrund der ungerichteten Frage-stellung das zweiseitige Signifikanzniveau angegeben.

Straftäter und Gemeindemitglieder haben ein besseres Selbstkonzept eigener Fä-higkeiten als JV-Azubis. Die Straftäter haben signifikant höhere Werte in der Skala FKK-C (Fatalistische Externalität) als die Gemeindemitglieder.

Zur Einordnung der Ergebnisse in eine repräsentative Vergleichsstichprobe wurden die Skalenmittelwerte des FKK für jede Gruppe mit denen der Normstichprobe (N=2028, Krampen, 1991) verglichen.
Die Straftätergruppe hat signifikant niedrigere Skalenwerte als die Normstichprobe in den Skalen FKK-SK (Selbstkonzept eigener Fähigkeiten, p<.01), FKK-P (So-ziale Externalität, p<.01) und FKK-PC (Externalität, p<.05). Die JV-Azubis unter-scheiden sich durch signifikant niedrigere Ausprägungen der Skalen FKK-SK (Selbstkonzept eigener Fähigkeiten, p<.001), FKK-P (Soziale Externalität, p<.05), Fatalistische Externalität, p<.05), FKK-SKI (Selbstwirksamkeit, p<.01) und FKK-PC (Externalität, p<.01). Auch die Gemeindemitglieder unterscheiden sich von der Normstichprobe durch signifikant niedrigere Ausprägungen in den Skalen FKK-SK (Selbstkonzept eigener Fähigkeiten, p<.01), FKK-P (Soziale Externalität, p<.01), Fatalistische Externalität, p<.001), FKK-SKI (Selbstwirksamkeit, p<.05) und FKK-PC (Externalität, p<.01). Signifikant höhere Werte hatten die Gemeindemitglieder in der Tertiärskala FKK-SKI-PC (Internalität vs. Externalität, p<.01).

3.5 Selbstregulation

Überprüft wurde die Hypothese, daß Unterschiede zwischen den drei Gruppen in selbstregulativen intrapsychischen Prozessen bestehen.

Eine multivariate Varianzanalyse mit der unabhängigen Variablen Gruppenzuge-hörigkeit und den abhängigen Variablen "Affekt/Impulskontrollverlust", "Soziale Isolierung", "Größenselbst", "Gier nach Lob und Bestätigung", "Narzißtische Wut", "Autarkie-Ideal" ,"Objektabwertung", "Werte-Ideal", "Narzißtischer Krankheits-gewinn" und "Sehnsucht nach idealem Selbstobjekt" führte zu einem signifikanten Ergebnis (Wilks-Lambda = 0,409, $F_{(20;112)}$ =3,155, $p \leq .001$, Eta-Quadrat = 0,36).

Varianzhomogenitätstests ergaben für drei Skalen signifikante Ergebnisse (Sehn-sucht nach idealem Selbstobjekt, Levene-Statistik = 3,667, $p<.05$, MW Bedrohtes Selbst, Levene-Statistik = 4,149, $p<.05$, D2 "Klassisch narzißtisches Selbst" Leve-ne-Statistik = 6,200, $p<.01$). Aus diesem Grunde wurde bei der Berechnung von Gruppenunterschieden das nonparametrische Kruskal-Wallis-H-Verfahren vorge-zogen.

Tab. 31: Skalenwerte (Summenwerte) ausgewählter Skalen des Narzißmusinventars (Kruskal-Wallis-H-Tests, Monte-Carlo-Testverfahren, basierend auf 10000 Stichprobentabellen). Mittelwerte (M) und Standardabweichungen (S).

	Straftäter (N=29)		JV-Azubis (N=20)		Gemeinde-mitglieder (N=19)		
Skalenwert Narzißmusinventar	M	S	M	S	M	S	p
AIV	22,14	9,46	21,50	8,15	19,05	8,28	.474
SOI	25,52	8,62	21,35	7,01	21,00	6,41	.068 ~
GRS	28,21	7,61	29,40	6,49	29,26	5,37	.775
GLB	23,86	8,17	25,90	5,37	27,53	5,50	.091 ~
NAW	23,62	7,75	24,10	7,56	20,11	5,02	.169
AUI	30,83	8,12	35,20	7,59	32,16	4,36	.225
OBA	30,86	7,68	26,65	7,91	23,69	6,52	.005**
WEI	31,67	6,88	35,64	6,82	38,80	6,08	.003**
NAK	16,14	7,31	16,80	6,63	15,68	6,16	.698
SIS	25,79	9,24	26,35	7,32	30,05	5,60	.128
D1	22,09	6,92	20,65	3,68	20,40	4,56	.711
D2	25,37	7,33	26,44	4,53	26,74	3,50	.527

~: p≤.10   *: p≤.05   **: p≤.01   ***: p≤.001

AIV Affekt/Impulskontrollverlust   OBA Objektabwertung

SOI Soziale Isolierung   WEI Werte-Ideal

GRS Größenselbst   NAK Narzißtischer Krankheitsgewinn

GLB Gier nach Lob und Bestätigung   SIS Sehnsucht nach idealem Selbstobjekt

NAW Narzißtische Wut   D1 Mittelwert Bedrohtes Selbst

AUI Autarkie-Ideal   D2 Mittelwert" "Klassisch" Narzißtisches Selbst

Zur Berechung der Einzeleffekte zwischen den Gruppen bezüglich der Variablen OBA (Objektabwertung), WEI (Werte-Ideal), SOI (soziale Isolierung) und GLB (Gier nach Lob und Bestätigung) wurden U-Tests gerechnet.

Tab. 32: Einzelvergleiche und Effektstärken (ES) der Variablen Objektabwertung Werte-Ideal, Soziale Isolierung und Gier nach Lob und Bestätigung (U-Test, Monte-Carlo-Testverfahren, basierend auf 10000 Stichprobentabellen)

	Straftäter/ JV-Azubis		Straftäter/ Gemeindemit- glieder		JV-Azubis/ Gemeindemit- glieder	
	p	ES	p	ES	p	ES
Objektabwertung	.075 ~	-0,54	.001***	-0,99	.238	-0,41
Werte-Ideal	.052 ~	-0,58	.001***	+1,08	.180	+0,49
Soziale Isolierung	.028*	-0,52	.027*	-0,58	1.000	-0,05
Gier nach Lob und Bestätigung	.114	+0,28	.025*	+0,51	.210	+0,30

~: p≤.10 (einseitig) *: p≤.05(einseitig) **: p≤.01 (einseitig) ***: p≤.001 (einseitig)

Für den Gruppenvergleich JV-Azubis x Gemeindemitglieder wird aufgrund der ungerichteten Frage-stellung das zweiseitige Signifikanzniveau angegeben.

Straftäter und Gemeindemitglieder unterscheiden sich hoch signifikant bezüglich der Skalen "Objektabwertung" und "Werte-Ideal". Straftäter fühlen sich sozial iso-lierter als beide Vergleichsgruppen. Gemeindemitglieder haben einen höheren Mittelwert als die Straftäter in der Skala "Gier nach Lob und Bestätigung".

Wilcoxon-Tests ergaben in der Straftätergruppe signifikante Unterschiede zu einer kleinen Normstichprobe gesunder Männer (N=16, Deneke & Hilgenstock, 1989). Niedrigere Scores hat die Straftätergruppe in der Skala AUI (Autarkie-Ideal, p<.001) und höhere Scores in den Skalen AIV (Affekt/Impulskontrollverlust, p<.01), NAW (Narzißtische Wut, p<.01), OBA (Objektabwertung, p<.001) und NAK (Narzißtischer Krankheitsgewinn p<.05). Die JV-Azubis haben höhere Scores als die Normstichprobe in den Skalen AIV (p<.01), GLB (Gier nach Lob und Be-stätigung, p<.01), NAW (p<.05), OBA (p<.05) und NAK (p<.01). Die Gemeindemitglieder haben niedrigere Ausprägungen in der Skala AUI (p<.001) und höhere Scores in den Skalen GLB (p<.01), WEI (Werte-Ideal, p<.01) und SIS (Sehnsucht nach idealem Selbstobjekt, p<.001).

3.6 Persönlichkeitsstruktur

Überprüft wurde die Hypothese, daß Straftäter im Gruppenvergleich extravertierter, weniger verträglich und weniger gewissenhaft als die Vergleichsgruppen sind.

Eine multivariate Varianzanalyse mit der unabhängigen Variablen Gruppenzugehörigkeit und den abhängigen Variablen "Extraversion", "Verträglichkeit" und "Gewissenhaftigkeit" führte zu einem signifikanten Ergebnis (Wilks-Lambda = 0,635, $F_{(10;120)}$ = 3,056, p<.01, Eta-Quadrat = 0,20).

Für das weitere statistische Vorgehen wurde auf nonparametrische Verfahren zurückgegriffen.

Tab. 33: Skalenwerte (Summenwerte) des NEO-FFI. (Kruskal-Wallis-H-Tests, Monte-Carlo-Testverfahren, basierend auf 10000 Stichprobentabellen). Mittelwerte (M) und Standardabweichungen (S).

Skala	Straftäter (N=29)		JV-Azubis (N=19)		Gemeindemitglieder (N=19)		
	M	S	M	S	M	S	p
Neurotizismus	2,57	0,70	2,23	0,61	2,50	0,58	.139
Extraversion	3,24	0,38	3,39	0,40	3,45	0,33	.074 ~
Verträglichkeit	3,22	0,39	3,50	0,54	3,80	0,38	.001***
Offenheit	3,52	0,41	3,30	0,43	3,27	0,42	.089 ~
Gewissenhaftig-keit	3,69	0,59	4,00	0,51	3,83	0,43	.179

~: p≤.10   *: p≤.05   **: p≤.01   ***: p≤.001

Zur Ermittlung der Einzelunterschiede zwischen den Gruppen wurden U-Tests für die Variablen "Extraversion", "Offenheit" und "Verträglichkeit" gerechnet.

Tab. 34: Einzelvergleiche und Effektstärken (ES) der Variablen Extraversion, Offenheit und Verträglichkeit (U-Test, Monte-Carlo-Testverfahren, basierend auf 10000 Stichprobentabellen).

	Straftäter/ JV-Azubis		Straftäter/ Gemeindemit- glieder		JV-Azubis/ Gemeinde- mitglieder	
	p	ES	p	ES	p	ES
Extraversion	.091 ~	+0,39	.013*	+0,58	.552	+0,16
Offenheit	.042*	-0,53	.030*	-0,60	.790	-0,07
Verträglichkeit	.012*	+0,62	.001***	+1,50	.083 ~	+0,64

~: $p \le .10$ (einseitig) *: $p \le .05$ (einseitig) **: $p \le .01$ (einseitig) ***: $p \le .001$ (einseitig)

Für den Gruppenvergleich JV-Azubis x Gemeindemitglieder wird aufgrund der ungerichteten Frage-stellung das zweiseitige Signifikanzniveau angegeben.

Die Gemeindemitglieder beschreiben sich extravertierter, verträglicher und weniger offen als die Straftätergruppe. Im Vergleich mit den Straftätern sind JV-Azubis ebenfalls verträglicher und weniger offen.

Alle drei Gruppen unterscheiden sich in der zentralen Tendenz deutlich von der deutschen Normstichprobe des NEO-FFI (N= 2112, Borkenau & Ostendorf, 1993). Mit einer Ausnahme (Gruppe JV-Azubis, Skalenvergleich Neurotizismus, p<.05) ergaben Wilcoxon-Tests für alle Skalen höhere Skalenwerte der drei Gruppen als in der Normstichprobe (alle Vergleiche p<.001).

3.7 Differentielle Bedeutung von Bindungsstilen

Um mögliche Zusammmenhänge zwischen Bindungsstilen der Straftätergruppe und weiterer Variablen zu explorieren, wurden Bindungsstile mit den in Abschnitt 3.2 bis 3.6 dargestellten Variablen in Beziehung gesetzt. Aufgrund geringer Zellbeset-zungen der unsicheren Bindungskategorien wurde auf eine Darstellung der beiden Vergleichsgruppen verzichtet. Es war nicht zu erwarten, daß sich differentielle Ef-fekte des Bindungsstils auf die abhängigen Variablen finden würden.

3.7.1 Bindungsstil und soziodemographische Auffälligkeiten

Tab. 35: Schulprobleme, differenziert nach Bindungsstilen (Fishers exakter Test)

Bindungsstil

	sicher (N=11)		unsicher-ambivalent (N=6)		unsicher-vermeidend (N=6)		unsicher-gemischt (7≤N≤8)		
	nein	ja	nein	ja	nein	ja	nein	ja	p
V1 Schwänz.	8	3	6	0	3	3	4	4	.162
V2 Schulverw.	11	0	6	0	3	3	5	2	.020*
V3 Konzentr.	8	3	5	1	5	1	5	3	.851
V4 Schulangst	11	0	6	0	6	0	6	2	.123

~: p≤.10   *: p≤.05   **: p≤.01   ***: p≤.001

V1 häufiges Schuleschwänzen
V2 Schulverweis (wenigstens einmal in der Schulkarriere)
V3 Konzentrations- und Aufmerksamkeitsprobleme (einmalig oder mehrmalig)
V4 häufig Angst vor der Schule
V5 Schulprobleme gesamt (Sind insgesamt Probleme in oder mit der Schule aufgetaucht?)

Im Gegensatz zu den unsicher-gemischt und unsicher-vermeidend gebundenen Straftätern erhielt keiner der sicher und unsicher-ambivalent gebundenen Straftäter einen Schulverweis. Alle weiteren Fisher-Tests wurden für p≤.05 nicht signifikant.

Tab. 36: Substanzmißbrauch, Suizidversuche und schwere Krankheiten, differenziert nach Bindungsstilen (Fishers exakter Test)

Bindungsstil

	sicher (N=11)		unsicher-ambivalent (N=6)		unsicher-vermeidend (N=6)		unsicher-gemischt (N=8)		
	nein	ja	nein	ja	nein	ja	nein	ja	p
V1 Alkohol	10	1	3	3	5	1	6	2	.302
V2 Drogen	11	0	6	0	6	0	6	2	.122
V3 Medikam.	11	0	5	1	6	0	8	0	.393
V4 Suizidvers.	10	1	4	2	6	0	4	4	.080 ~
V5 Krankh.	10	1	3	3	4	2	6	2	.330

~: p≤.10   *: p≤.05   **: p≤.01   ***: p≤.001

V1 Alkohol: Alkoholabhängigkeit oder Alkoholmißbrauch des Probanden

V2 Drogen: Drogenabhängigkeit bzw. Drogenmißbrauch

V3 Medikamente: Medikamentenmißbrauch

V4 Suizidversuche: Wenigstens ein Suizidversuch im Lebensverlauf

V5 Schwere Krankheiten: Vom Probanden selbst als schwere Erkrankungen bezeichnete körperliche Beeinträchtigungen, wenigstens einmal im Lebensverlauf

Keiner der Fisher-Tests zu den dargestellten psychosozialen Belastungsfaktoren ist mit p≤.05 signifikant.

Tab. 37: Kontinuität elterlicher Fürsorge, differenziert nach Bindungsstilen (Fishers exakter Test)

Bindungsstil

	sicher (9≤N≤10)		unsicher-ambivalent (4≤N≤5)		unsicher-vermeidend (N=4)		unsicher-gemischt (6≤N≤7)		
	nein	ja	nein	ja	nein	ja	nein	ja	p
V1 Eltern	2	8	3	2	3	1	2	5	.203
V2 Stiefeltern	9	1	4	1	4	0	4	3	.308
V3 Trennung	9	1	3	1	4	0	4	2	.509
V4 Kinderh.	8	2	3	2	3	1	5	1	.842
V5 Tr. Eltern	8	1	3	2	3	1	3	4	.273

~: p≤.10   *: p≤.05   **: p≤.01   ***: p≤.001

V1 Bei Eltern und/oder Großeltern ohne Unterbrechung aufgewachsen
V2 Bei Stiefeltern aufgewachsen
V3 Trennungszeit von den Eltern vor dem 14. Lebensjahr (länger als ein halbes Jahr)
V4 Zumindest zeitweise in einem Kinderheim aufgewachsen
V5 Trennung der leiblichen Eltern

Es bestehen keine statistisch signifikanten Unterschiede zwischen den Bindungs-kategorien und den in Tab. 37 dargestellten Variablen zur Kontinuität elterlicher Fürsorge.

Tab. 38: Gewalterfahrungen der Probanden in der Herkunftsfamilie, differenziert nach Bindungsstilen (Fishers exakter Test)

Bindungsstil

Gewalt	sicher (N=11)		unsicher-ambivalent (N=6)		unsicher-vermeidend (N=6)		unsicher-gemischt (N=8)		p
	nein	ja	nein	ja	nein	ja	nein	ja	
V1 Vater	10	1	3	3	2	4	4	4	.063 ~
V2 Mutter	11	0	4	2	5	1	7	1	.166
V3 V vs M	11	0	4	2	5	1	5	3	.117
V4 P vs E	11	0	5	1	6	0	5	3	.075 ~
V5 Kinder	11	0	6	0	6	0	7	1	.647

~: p≤.10   *: p≤.05   **: p≤.01   ***: p≤.001

V1 Gewalttätige Handlungen des Vaters gegen den Probanden
V2 Gewalttätige Handlungen der Mutter gegen den Probanden
V3 Gewalttätige Handlungen des Vaters gegenüber der Mutter
V4 Gewalttätige Handlungen des Probanden gegen ein oder beide Elternteile
V5 Gewalttätige Handlungen der Geschwister untereinander

Mit einer Irrtumswahrscheinlichkeit von p≤.05 bestehen keine Unterschiede bezüglich verschiedener Gewalterfahrungen in der Ursprungsfamilie zwischen sicher und unsicher gebundenen Straftätern. Die Variablen V1 und V4 lassen aber Trends erkennen. Straftäter mit unsicheren Bindungsstilen waren häufiger väterlicher Gewalt ausgesetzt als jene mit sicherem Bindungsstil. Nur unsicher gebundene Straftäter berichteten von gewalttätigen Handlungen gegenüber einem oder beiden Elternteilen.

Tab. 39: Anzahl der Haftstrafen und Verurteilungen, differenziert nach Bindungsstilen (Kruskal-Wallis-H-Rangvarianzanalyse). Mittelwerte (M) und Standardabweichungen (S).

Bindungsstil

	sicher (N=10)		unsicher-ambivalent (V1: N=4) (V2-5: N=6)		unsicher-vermeidend (N=6)		unsicher-gemischt (V1: N=7) (V2-5: N=8)		
Variable	M	S	M	S	M	S	M	S	p
V1 Haft-strafen	1,10	0,32	3,25	2,06	3,00	3,95	3,29	4,35	.057 ~
V2 Verur-teilungen	2,30	3,09	6,83	5,38	12,33	9,95	6,00	3,74	.007**
V3 Länge Freiheitsst.	6,25	3,71	9,75	6,18	6,54	3,86	11,06	11,45	.740
V4 erste Straftat	28,50	11,01	23,67	8,36	22,50	9,25	22,25	9,48	.460
V5 Alter Hauptdelikt	31,10	9,32	30,33	8,33	32,33	11,33	30,25	7,17	.989

~: p≤.10   *: p≤.05   **: p≤.01   ***: p≤.001

V1 Anzahl der Haftstrafen
V2 Gesamtzahl der Verurteilungen
V3 Gesamtlänge bisheriger Freiheitsstrafen
einschließlich Bewährungsstrafen in Jahren

V4 Alter bei der ersten Straftat in Jahren
V5 Alter bei Hauptdelikt in Jahren

Einzelvergleiche zwischen den vier Bindungsgruppen mittels des Mann-Whitney-U-Tests zeigen, daß die Gesamtzahl der Verurteilungen bei Straftätern mit unsicherem Bindungsstil deutlich höher ist als bei Straftätern mit sicherem Bindungsstil. Ein ähnlicher Trend zeichnet sich für die Anzahl der Haftstrafen ab.

Tab. 40: Gruppenvergleiche zwischen Bindungsstilen bezüglich Gesamtzahl der Verurteilungen (Fishers exakter Test)

Gruppenvergleich	p
sicher/unsicher-ambivalent	.056 ~
sicher/unsicher-vermeidend	.003**
sicher/unsicher-gemischt	.027*
unsicher-ambivalent/unsicher-vermeidend	.310
unsicher-ambivalent/unsicher-gemischt	.950
unsicher-vermeidend/unsicher-gemischt	.228

~: p≤.10 *: p≤.05 **: p≤.01 ***: p≤.001 (alle einseitig)

3.7.2 Bindungsstil, interpersonale Probleme und Persönlichkeitsstruktur

Für die abhängigen Variablen interpersonale Probleme, Kompetenz- und Kontroll-wahrnehmung, Selbstregulation und Persönlichkeitsstruktur wurden jeweils weitere Kruskal-Wallis-Rangvarianzanalysen mit der UV "Bindungsstil" gerechnet. In keiner der überprüften Skalen bzw. Subskalen ergaben sich signifikante Unterschiede (p≤.05) zwischen den Bindungskategorien der Straftätergruppe (vgl. die Tabellen in Anhang A). Sinnvoll interpretierbare Trends in Höhe und Verteilung der Mittel-werte von sicher und unsicher gebundenen Personen sind jedoch erkennbar.

4. Diskussion

Zielsetzung dieser Arbeit war es, einen Beitrag zur Identifizierung und Beschreibung von Bindungsstilen bei gefährlichen Straftätern zu leisten. Dazu wurde ein Gruppenvergleich mit zwei strafrechtlich unauffälligen Personengruppen vorgenommen. Darüber hinaus wurden die Stichproben bezüglich einer Reihe persönlichkeitskonstituierender Variablen eingeordnet. In diesem abschließenden Kapitel werden nun die Ergebnisse der vorliegenden Arbeit im Hinblick auf die Zielsetzung diskutiert und theoretisch bewertet.

Im Rahmen eines explorativen Vorgehens wurden über die Gruppenvergleiche hinaus Zusammenhänge untersucht zwischen den Bindungsstilen der Straftätergruppe und den in der Untersuchung erhobenen soziodemographischen Variablen, interpersonalen Problemen, selbstregulativen Mechanismen, Kompetenz- und Kontrollüberzeugungen und Persönlichkeitsvariablen. Aufgrund der geringen Gruppengröße der unabhängigen Variablen (Bindungsstil: sicher $N=11$, unsicher-ambivalent $N= 6$, unsicher-vermeidend $N= 6$, unsicher-gemischt $N= 8$) bedarf es sehr großer Effekte, um Gruppenunterschiede mit $p<.05$ statistisch absichern zu können (vgl. Bortz, 1993; Cohen, 1988).
Da diese Effekte im Vorfeld nicht zu erwarten waren, stand nicht die inferenzstatistische Absicherung von Gruppenunterschieden im Vordergrund, sondern vielmehr eine Sichtung der Daten und eine Analyse von Trends, durch die Hypothesen für Folgeuntersuchungen abgeleitet werden können.

4.1 Methodische Einschränkungen

Auf einige methodische Einschränkungen, welche die Ergebnisinterpretation beeinflussen, wurde in der Arbeit eingegangen (vgl. die Ausführungen in Kap. 2). Kleine Stichproben erfordern große Effektstärken, um in Gruppenvergleichen statistische Signifikanz zu erreichen. Eine strenge Adjustierung des Alpha-Fehler-Niveaus führt bei kleinen Stichproben auch bei relativ großen Effekten fast zwangsläufig zur Zurückweisung der Alternativhypothese. Aus diesem Grund wurde in dieser Arbeit auf die Adjustierung verzichtet. Bei der Ergebnisinterpretation müssen diese methodischen Einschränkungen allerdings berücksichtigt werden.
Weitere Einschränkungen ergeben sich durch den quasiexperimentellen Charakter der Stichprobenauswahl und institutionelle Gegebenheiten, die in Gefängnissen zur Einschränkung der Handlungsfreiheit von Gefangenen, Personal und Besuchern führen. Es ist praktisch unmöglich, ohne enormen finanziellen und personellen

Aufwand in überschaubarer Zeit repräsentative Stichproben aus Gefängnis-populationen zu ziehen. Eine wirklich repräsentative Auswahl ist schon deshalb unmöglich, weil die Zugehörigkeit eines Gefangenen zur Institution festgelegt ist und nicht variiert werden kann (vgl. Bortz, 1993; Bortz & Döring 1995). Die Aus-wahl der Gefangenen war in der Untersuchung zwar standardisiert, es konnte vom Autor jedoch kein Einfluß auf konkrete Vorgehensweisen des Justizvollzugsperso-nals bei Informationsgesprächen über die Untersuchung ausgeübt werden. Die Er-gebnisse der Gruppenvergleiche sind gruppenspezifisch und nicht repräsentativ für die Allgemeinbevölkerung.

4.2 Ergebnisse

4.2.1 Bindungsstile

Die zentrale Fragestellung der Arbeit lautete: Lassen sich charakteristische Bin-dungsstile von Gewaltstraftätern identifizieren, die sich von nicht strafrechtlich auffälligen Personengruppen unterscheiden. Diese Frage kann bejaht werden.

Es wurde postuliert, daß Straftäter häufiger unsichere Bindungsstile aufweisen als die beiden Vergleichsgruppen. Die Unterschiede sollten sich bei den Gewalt-straftätern im Gruppenvergleich in einer unsicheren Beziehungsgestaltung, größe-rem Autonomiestreben und geringerer emotionaler Bindung an wichtige Bezugs-personen manifestieren. Diese Hypothese hat sich in vollem Umfang bestätigt. Es fanden sich die erwarteten Unterschiede zwischen Straftätergruppe und Vergleichs-gruppen. Im Gegensatz dazu gab es in bezug auf den Bindungsstil keine Unter-schiede zwischen JV-Azubis und den Gemeindemitgliedern. JV-Azubis wurden im Vergleich zu Gemeindemitgliedern als instabiler in ihrer Beziehungsgestaltung eingeschätzt. Überraschend und in diesem Ausmaß nicht erwartet ist der hohe An-teil sicher gebundener Personen in der Straftätergruppe (35%).
25% der Straftäter wurden als unsicher-gemischt klassifiziert und jeweils 19% als unsicher-ambivalent und unsicher-vermeidend eingeschätzt (vgl. Tab.12, Kap. 3.3.1). Der Anteil sicherer Bindungsklassifikationen ist in den Vergleichsgruppen noch sehr viel höher (JV-Azubis 77% sichere, Gemeindemitglieder 81% sichere Bindungsklassifikationen). In einer Metaanalyse von 33 einschlägigen Studien, die mehr als 2000 AAI - Klassifikationen von Müttern, Vätern, Heranwachsenden und klinischen Gruppen umfaßt, berichten van IJzendoorn und Bakermans-Kranenburg (1996) von 58% autonomen, 24% unsicher-distanzierten, 18% unsicher-ver-strickten und 19% unverarbeitet-traumatisierten Bindungsklassifikationen bei

"normalen" Müttern. Bei Vätern sieht das Bild ähnlich aus. Bei Müttern mit niedrigem sozioökonomischen Status sind die unverarbeitet-traumatisierten und die distanzierten Bindungsklassifikationen überrepräsentiert (39% sicher, 25% unsicher-distanziert 8% unsicher-verstrickt und 28% unverarbeitet-traumatisiert). In einer repräsentativen Untersuchung fanden Mickelson et al. (1997) 59% sichere, 25% unsicher-distanzierte und 11% unsicher-verstrickte Bindungsmuster. Die Bindungsmuster korrelierten signifikant mit verschiedenen soziodemographischen Variablen (Einkommen, Alter etc.). Die Bindungsmuster von 40 persönlichkeitsgestörten erwachsenen Straftätern wurden von van IJzendoorn et al. (1997) folgendermaßen klassifiziert: 5% sicher, 22% unsicher-distanziert, 20% unsicher-verstrickt und 53% unverarbeitet-traumatisiert.

In einer Stichprobe von 20 Männern, die Gewalt gegenüber ihren Frauen anwenden und mit dem Adult Attachment Interview untersucht wurden, fand Young (1990) keine einzige autonome Bindungsklassifikation. Eine Studie, die mit den Ergebnissen dieser Untersuchung eher übereinstimmt, liegt von Pistole und Tarrant (1993) vor. Sie beschrieben 35% sichere, 23% unsicher-vermeidende, 17% unsicher-ambivalente und 25% unsicher-traumatisierte Bindungsstile bei 62 Männern, die wegen gewalttätiger Handlungen gegenüber ihren Frauen verurteilt wurden. Allerdings wurden Bindungsstile in dieser Untersuchung nicht mit dem AAI bzw. EBPR erfaßt, sondern mit einer Selbsteinschätzungsskala.

Von Lobo (1997) liegt eine Studie vor, die im Rahmen einer Katamneseuntersuchung bei 22 Patient(inn)en Behandlungseffekte nach einer stationären Langzeittherapie auf ihren Zusammenhang mit der Bindungsorganisation dieser Patient(inn)en zum Katamnesezeitpunkt untersuchte. Davon ließen sich 47% den unsicher-ambivalenten Mustern zuordnen und jeweils 24% dem unsicher-vermeidenden sowie dem unsicher-gemischten Bindungsstil. Nur ein Patient wurde als sicher gebunden klassifiziert. In der Studie von Mosheim et al. (in Vorbereitung) wurden prospektiv 65 Patient(inn)en mit verschiedenen psychosomatischen, depressiven und Persönlichkeitsstörungen untersucht. Gefragt wurde, ob die Bindungsprototypen von prognostischer Bedeutung für den Behandlungserfolg sind. Nur 3% der Patienten wurden dem sicheren Bindungsmuster zugeordnet, 35% als unsicher-ambivalent, 9% als unsicher-vermeidend und 48% als unsicher-gemischt klassifiziert. Die Zugehörigkeit zu einem der Bindungsstile war nicht auf den Therapieerfolg bezogen. Das Prototypenrating von Pilkonis wurde zunächst im Zusammenhang mit Untersuchungen depressiver Patient(inn)en angewandt (Pilkonis, 1988). In einer Studie an 40 Patienten mit depressiven Störungen versuchten Pilkonis et al. (1991), Bindungscharakteristika mit Persönlichkeitsstörungen in Beziehung zu setzen, um den Behandlungserfolg nach einem sechsmonatigen Katamnesezeitraum vorherzusagen. 23 % der Patienten wurden als unsicher-vermeidend,

25% als unsicher-ambivalent, 28% als unsicher-gemischt und 25% als nicht klassifizierbar eingeschätzt. Unter den Patienten, bei denen eine Persönlichkeitsstörung diagnostiziert wurde, befanden sich alle mit unsicher-ambivalentem Bindungsmuster, 44% der vermeidenden und 64% der unsicher-gemischt gebundenen Personen. Die Ergebnisse der Studie von Pilkonis et al. (1995) beziehen sich auf eine Stichprobe von 152 Patient(inn)en, die wegen affektiver oder affektiver und Angststörungen behandelt wurden. Nur 4 Patienten wurden als sicher gebunden beurteilt. Von den 148 unsicher gebundenen Personen wurden 63 (43%) als ängstlich-ambivalent, 25 (17%) als ängstlich-vermeidend und 60 (41%) als unsicher-gemischt klassifiziert.

Außer der vorliegenden gibt es keine Untersuchungen, die Bindungsstile von Straftätern mit dem EBPR erfaßt haben. Der hohe Anteil sicherer Bindungsklassifikationen in dieser Untersuchung mag verschiedene Ursachen haben. Personen, die Kontakt eher vermeiden, Mißtrauen oder negative Voreinstellungen gegenüber Fremden haben, d.h. hohe Werte in einem Set von Variablen haben würden, die positiv mit Bindungsunsicherheit korrelieren, werden sich vermutlich nicht freiwillig einer dreieinhalbstündigen psychologischen Untersuchung unterziehen. In diesem Sinne könnte eine Selbstselektion in Richtung Bindungssicherheit in allen drei Gruppen stattgefunden haben, die aufgrund der Gesamtlänge der Untersuchung das Maß der persönlichen Belastung in anderen Untersuchungen, die Bindungskonstrukte gemessen haben, weit übersteigt.

Ein Teil der Unterschiede zwischen der vorliegenden Untersuchung und den Ergebnissen anderer einschlägiger Studien ist sicher auch auf methodische Gründe zurückzuführen. In dieser Untersuchung wurde mit dem EBPR ein Bindungsinterview durchgeführt, was sich in bezug auf die Auswertungskriterien deutlich von denen des AAI oder von Selbstbeurteilungsskalen unterscheidet (vgl. Kap. 1.1.3 und Kap. 2.1.4). Sehr hohe Übereinstimmungen zwischen den Auswertungkategorien der beiden Instrumente sind daher schon aus methodischen Gründen nicht zu erwarten.

Fremd- und Selbsteinschätzung des Bindungsstils:
Die Ergebnisse zum Vergleich zwischen Fremd- und Selbsteinschätzung des Bindungsstils der drei Gruppen sind heterogen. Zwar finden sich bezüglich des Prototypen "sichere Züge" in der Selbsteinschätzung keine Unterschiede zwischen den Gruppen, das bedeutet jedoch nicht, daß große Diskrepanzen zwischen Fremd- und Selbsteinschätzung innerhalb der Gruppen vorliegen. In der Straftätergruppe gibt es signifikante Unterschiede zwischen Fremd- und Selbsteinschätzung in der Höhe der Mittelwerte (Wilcoxon-Test, zweiseitig, p<.05), allerdings ist auch die zugehörige

Spearman-Korrelation signifikant (rho=.48, p<.05). Absolut gesehen erhält der Prototyp "sichere Züge" in der Selbsteinschätzung der Straftäter einen höheren Rang als in der Fremdeinschätzung, die Ausprägung bzw. der Rangplatz des Prototypen relativ zu den anderen Bindungsprototypen bleibt jedoch derselbe. Inhaltlich bedeutet das, daß sich Straftäter bezüglich ihrer Bindungssicherheit nicht qualitativ anders einschätzen als Fremdbeobachter, sondern lediglich quantitativ in der Höhe der Ausprägung.

Für die weiteren Bindungsprototypen in der Straftätergruppe stellt sich das Bild folgendermaßen dar: Fremd- und Selbsteinschätzung gehen konform bezüglich des Prototypen P6 "übersteigertes Autonomiestreben" (Wilcoxon-Test, ns; rho=.43, p<.05). Straftäter sind sich also durchaus bewußt, daß sie nach Autonomie streben, und werden von außen auch so gesehen.

Signifikante Wilcoxon-Tests der Prototypen 3-5 bei gleichzeitig nicht signifikanten Spearman-Korrelationen weisen darauf hin, daß hier "echte" Diskrepanzen zwischen Fremd- und Selbsteinschätzung des jeweiligen Bindungsstils vorliegen (Kap. 3.1.4, Tabelle 19). Besonders bedeutsam sind die Unterschiede in Prototyp 3 "instabil beziehungsgestaltend".

Bei den Gemeindemitgliedern gibt es nur in der Einschätzung des Prototypen 1 "sichere Züge" Übereinstimmungen zwischen Fremd- und Selbsteinschätzung (Wilcoxon-Test, ns; rho=.53, p<.05). In allen anderen Skalen gibt es erhebliche Differenzen. Aufgrund des hohen Anteils eindeutig sicher gebundener Personen in dieser Gruppe (81% sichere Bindungsklassifikationen) und damit der Dominanz des Prototypen 1 "sichere Züge" wäre plausibel, daß die Reihenfolge der untergeordneten Prototypen zufälligen Charakter gewinnt. Bei eindeutig sicher gebundenen Personen ist es schwierig, in der Fremdbeurteilung unsichere Anteile zu identifizieren und noch schwieriger, diese in eine Reihenfolge zu bringen, wie es die Methode zur Auswertung erfordert.

Die höchsten Übereinstimmungen von Fremd- und Selbstbeobachtung liegen bei den JV-Azubis vor. Diese Gruppe ist die in sich homogenste von den drei untersuchten, was bezüglich der unsicheren Anteile zu einer Verbesserung der Übereinstimmung geführt haben könnte.

Aus bindungstheoretischer Sicht unterliegen "Innere Arbeitsmodelle" von Beziehungen keiner bewußten Kontrolle (vgl. Bowlby, 1969, 1973, 1980; Rothbard & Shaver, 1994; Diamond & Blatt, 1994; Fremmer-Bombik, 1995). Es ist deshalb durchaus möglich, aber nicht zwingend notwendig, daß sich Selbsteinschätzungen von Fremdeinschätzungen unterscheiden.

4.2.2 Soziodemographische Variablen

Die in der Arbeit aufgestellte Hypothese, daß die Lebensgeschichten von Straftätern im Vergleich mit denen der untersuchten nicht strafrechtlich auffälligen Personengruppen von häufigeren Schulproblemen, häufigerem Substanzmißbrauch, längeren frühen Trennungszeiten von den leiblichen Eltern, sowie Gewalt- und Mißbrauchserfahrungen in der Herkunftsfamilie gekennzeichnet sind, wurde durch die Ergebnisse teilweise bestätigt.

Die Variable Schulprobleme wurde anhand von vier Indikatoren erfragt (Schuleschwänzen, Schulverweise, Konzentrations- und Aufmerksamkeitsprobleme sowie Angst vor der Schule). Straftäter gaben an, häufiger in der Schule geschwänzt zu haben als die JV-Azubis, alle weiteren Gruppenvergleiche führten zu keinen statistisch signifikanten Ergebnissen. Eine Konfundierung der Variable ist denkbar, d.h. Konzentrations- und Aufmerksamkeitsdefizite und Angst vor der Schule könnten bei den Straftätern zum Fehlen geführt haben und sind somit indirekt in der Variable "Schuleschwänzen" enthalten. Darüber hinaus dürfte bei der Beantwortung der Fragen auch soziale Erwünschtheit eine wesentliche Rolle spielen, insbesondere in der Gruppe der JV-Azubis, die am Anfang ihrer Ausbildung standen und wahrscheinlich bemüht waren, ein gutes Bild von sich abzugeben. Im wesentlichen stimmt dieses Ergebnis mit Befunden aus der Literatur über Probleme von (jugendlichen) Straftätern im Schul- bzw. Arbeitsbereich überein (Harris et al., 1993; Klassen & O'Connor, 1994; Hodgins, 1994).

Der Zusammenhang zwischen gewalttätigem Verhalten und Substanzmißbrauch ist seit langem bekannt (Harris 1993; Taylor, 1985; Hodgins, 1990), konnte in der vorliegenden Untersuchung aber nur teilweise bestätigt werden.
Straftäter hatten tendenziell häufiger Alkoholprobleme als die Vergleichsgruppen, unterscheiden sich aber bezüglich Drogenmißbrauch nicht. Wiederum dürfte soziale Erwünschtheit angesichts fehlender objektiver Prüfungsmöglichkeiten der Aussagen eine Rolle spielen. Einschränkend zu den deutlichen Differenzen zwischen den Gruppen in bezug auf Suizidalität sollte angemerkt werden, daß nicht nach dem Zeitpunkt des Suizidversuchs gefragt wurde, sondern nur nach der absoluten Auftretenshäufigkeit. Es ist daher unklar, ob die Suizidversuche vor der Haft oder währenddessen als defensive Reaktion auf die veränderten Lebensbedingungen während der Inhaftierung begangen wurden. In der Literatur wird allerdings von einer moderaten positiven Korrelation zwischen Suizidrisiko und gewalttätigem Verhalten berichtet (vgl. Überblick von Plutchik & Van Praag, 1997).

Den theoretischen Erwartungen entsprechend gab es in der Kindheit der Straftäter-gruppe häufiger Brüche im Sinne von kontinuierlicher Betreuung durch primäre Bezugspersonen als in den Vergleichsgruppen.

Besonders eindrucksvoll bestätigte sich die Hypothese bezüglich der Gewalterfah-rungen in Kindheit und Jugend der Straftäter. Die Gewalt des Vaters gegenüber den Probanden, aber auch gegenüber anderen Familienmitgliedern, ist in der vorliegen-den Arbeit charakteristisch für Straftäter, die ihrerseits wiederum Gewaltstraftaten begangen haben.

In den frühen 60er Jahren definierten Kempe et al. (1962) ein klinisches Syndrom (battered child syndrome), das durch willentliche Gewaltanwendung eines oder beider Elternteile bzw. primärer Bezugspersonen charakterisiert ist. Der Terminus "battered child syndrome" ist heute veraltet, die Relevanz familiärer Deprivation und die daraus resultierenden psychischen Konflikte in der Ätiologie aggressiven und gewalttätigen Verhaltens bleiben jedoch unbestritten (vgl. dazu auch Spatz Widom, 1997). In den Biographien von Gewaltstraftätern finden sich nicht selten autoritäre elterliche Erziehungsstile, die durch Ausübung von Zwang und Kontrolle bei gleichzeitiger Ablehnung des Kindes verbunden sind (vgl. Blackburn, 1993). Eine ältere Studie von McCord (1979) hebt die Bedeutung elterlicher Aggression gegen das Kind als signifikanten Prädiktor späterer Straftaten gegen eine Person hervor.

Das Miterleben von gewalttätigen Auseinandersetzungen zwischen den Eltern ge-hört ebenfalls zum Bereich familiärer Entwicklungsbedingungen und wirkt sich offenbar risikofördernd aus (Caesar, 1988).

Überraschend dagegen ist, daß Gemeindemitglieder häufiger von Gewal-terfahrungen der Kinder untereinander berichten als Straftäter und JV-Azubis. Es ist zu vermuten, daß es Unterschiede in der Definition des Gewaltbegriffs zwischen den Gruppen gibt. Personen, die ihrerseits Gewalterfahrungen seitens des Vaters gemacht haben, werden Streitigkeiten mit Geschwistern vermutlich als weniger gewalttätig erleben als Personen, die vergleichsweise "wohlbehütet" aufgewachsen sind und deren Gewalterfahrungen sich auf die horizontale Ebene von Personen ähnlichen oder gleichen Alters beschränkt.

Bindungsstil und soziodemographische Variablen:
Die Datenstruktur der Variablen "Schulprobleme", "Substanzmißbrauch", "Er-ziehung" und "Gewalterfahrungen in der Herkunftsfamilie" gestaltet sich relativ einheitlich. Sicher gebundene Straftäter weisen insgesamt weniger psychosoziale Belastungsfaktoren auf als unsicher gebundene. Eine differentielle Zuordnung von

Belastungsfaktoren auf spezifische unsichere Bindungsstile ist aufgrund der geringen absoluten Auftretenshäufigkeit vieler Variablen nicht möglich bzw. nicht sinnvoll interpretierbar.

Alle sieben Straftäter, die angaben, wenigstens einmal während der Schulzeit von der Schule verwiesen worden zu sein, wurden als unsicher gebunden eingestuft. Weniger eindeutig gestaltet sich der Trend bei den restlichen Schulproblemen. Sowohl sicher als auch unsicher gebundene Straftäter schwänzten die Schule bzw. berichteten über zeitweise auftretende Konzentrations- und Aufmerksamkeitsdefizite.

Eindeutig ist der Trend beim Substanzmißbrauch. Von den sieben Straftätern mit Alkoholproblemen (Selbsteinschätzung) wurden sechs als unsicher gebunden eingestuft. Während die Hälfte der unsicher-gemischt gebundenen Straftäter wenigstens einen Suizidversuch begangen hatte, war nur ein Straftäter von sieben (10%) mit Suizidversuch sicher gebunden.

Fünf von sieben unsicher gemischt gebundenen Straftätern wurden nicht kontinuierlich von ihren leiblichen Eltern und/oder Großeltern erzogen (70%), dagegen nur zwei von zehn sicher gebundenen (20%). Von acht Straftätern, deren Eltern sich während ihrer Kindheit getrennt hatten, wurde nur einer als sicher gebunden eingestuft.

Die Interpretation des Datenmusters bei Straftätern, die Gewalterfahrungen in der Herkunftsfamilie gemacht hatten, ist unproblematisch. Nur einer von 12 Straftätern, die angaben, in ihrer Kindheit vom Vater geschlagen worden zu sein, wurde als sicher gebunden klassifiziert. Auch für die weiteren im Rahmen der Gewalterfahrung erhobenen Variablen zeichnet sich der bindungstheoretisch erwartete Trend ab.

Deutliche Unterschiede zwischen sicher und unsicher gebundenen Straftätern ergaben sich bezüglich haftspezifischer Merkmale. Die durchschnittliche Zahl der Haftstrafen und Verurteilungen ist bei sicher gebundenen Straftätern deutlich niedriger als bei unsicher gebundenen. Einschränkend zu dieser Einschätzung muß man sagen, daß sowohl die Zahl der Haftstrafen als auch die Gesamtzahl der Verurteilungen aufgrund der kleinen Gruppengröße stark von Ausreißern beeinflußt werden kann. So wurde z.B. eine Person, die 31 mal verurteilt worden war, unsichervermeidend klassifiziert, so daß die Gruppenunterschiede letztlich nur durch diesen einen Ausreißer bedingt sein könnten.

Unsicher gebundene Straftäter waren in dieser Untersuchung bei ihrer ersten Straftat im Mittel sechs Jahre jünger als die sicher gebundenen.

4.2.3 Interpersonale Probleme

Zu den interpersonalen Fertigkeiten zählen unter anderem die Fähigkeit zur Perspektivenübernahme, Empathie, interpersonale Problemlösungsprozesse und allgemeine soziale Fertigkeiten. Es gibt Hinweise, daß die genannten Aspekte mit Gewaltstraftaten negativ korrelieren. Zusammenhänge zwischen prokriminellen Einstellungen und gewalttätigem Verhalten fanden Andrews und Bonta (1995), andere Autoren (z.b. Saunders, 1992) berichten signifikante Einflüsse von frauenfeindlichen Einstellungen und gewalttätigem Verhalten gegenüber der Partnerin. Allgemein besagt die Hypothese in dieser Arbeit, daß gewalttätige Straftäter größere Probleme in Organisation und Gestaltung und Aufrechterhaltung interpersonaler Beziehungen haben als nicht strafrechtlich auffällige Männer. Theoretisch wurde erwartet, daß sich die Mehrzahl der interpersonalen Probleme der Straftäter in Learys Circumplexmodell (1957) im Bereich "Aversive Dominanz" (zu autokratisch/dominant, zu streitsüchtig/konkurrierend und zu abweisend/kalt) ansiedeln wird.

Signifikante Unterschiede zwischen den Gruppen wurden nur in der Skala "zu streitsüchtig/konkurrierend" gefunden, nicht jedoch in Skalen "zu autokratisch/dominant" und "zu abweisend/kalt". In diesen Skalen wird das statistische Signifikanzniveau von $p<.05$ knapp verfehlt, was zumindest auf einen die Hypothese stützenden Trend schließen läßt. Statistisch signifikant wurde ein Einzelvergleich zwischen Straftätern und Gemeindemitgliedern und die Skalenvergleiche auf der Dominanz- und Zuneigungsdimension. Die Straftäter sind dominanter als die Gemeindemitglieder im Sinne feindseliger Dominanz und schätzen sich folgerichtig auf der Zuneigungsdimension sehr viel niedriger ein. Dieser Unterschied mag von der besonderen Bedeutung beeinflußt sein, die religiöse Personen friedlichem und freundlichem Verhalten wahrscheinlich beimessen und das insofern ein innerhalb der Religionsgemeinschaft erwünschtes und verstärktes Verhalten darstellt. Für diese These spricht, daß die Gruppenmittelwerte der Gemeindemitglieder in den Skalen "zu selbstunsicher/unterwürfig", zu "ausnutzbar/nachgiebig" und "zu fürsorglich/freundlich" im Vergleich am höchsten sind. Auch die JV-Azubis haben höhere Mittelwerte in der Dominanzskala als die Gemeindemitglieder. Insgesamt unterscheiden sie sich bezüglich ihrer interpersonalen Probleme nicht von den Straftätern ($p<.05$). Bei genauer Betrachtung der Zahlen sind die Unterschiede zwischen den Straftätern und den JV-Azubis in der Dominanzskala besonders gering. Bedenkt man, daß der Strafvollzug Hauptaufgabe von Justizvollzugsbeamten ist, d.h. das Ausüben von Kontrolle und Macht (Dominanz) wesentlicher Bestandteil des Berufsbildes darstellt, dann ist dieses Ergebnis nicht überraschend. Zum einen kann es auf das möglicherweise generell hohe Dominanzstreben von Personen, die in den Justizvollzugsdienst eintreten, zurückzuführen sein, zum anderen zumindest teilweise auf institutionelle Einflüsse. Die Hypothese ist damit für den Gruppenvergleich mit den Gemeindemitgliedern bestätigt, nicht aber für den Vergleich mit den JV-Azubis.

Insgesamt stimmen die Ergebnisse zum Teil mit denen einer Studie von Eher et al. (1997) überein, in der 53 Sexualstraftäter mit dem IIP-D untersucht wurden. Die den Verurteilungen zugrundeliegenden Sexualstraftaten wurden nach dem Ausmaß der Gewaltanwendung dichotomisiert. Gewalttätige Sexualstraftäter schätzten sich signifikant höher als eine Vergleichsgruppe "normaler" Männer in der Skala "zu autokratisch/dominant" ein. Nur die Gruppe der nicht gewalttätigen Sexualstraftäter hatte signifikant höhere Werte als die Vergleichsgruppe normaler Männer in der Skala zu "streitsüchtig/konkurrierend". In der Skala "zu abweisend/kalt" wurden ebenso wie in der vorliegenden Untersuchung keine Gruppenunterschiede gefunden. Für die Autoren überraschend und mit den vorliegenden Ergebnissen nicht vereinbar, sind signifikante Unterschiede zwischen den Skalen "zu ausnutzbar/nachgiebig" und "zu fürsorglich/freundlich". Die gewalttätigen Sexualstraftäter schätzten sich in der Skala "zu fürsorglich/freundlich" höher ein als die Kontrollgruppe normaler Männer. Die nicht gewalttätigen Sexualstraftäter hatten im Vergleich mit normalen Männern höhere Mittelwerte in der Skala "zu ausnutzbar/nachgiebig".

Einschränkend muß jedoch bemerkt werden, daß die Untersuchungspopulationen in der vorliegenden Studie und in der von Eher et al. (1997) unterschiedlich sind und ein Teil der Ergebnisse auf spezifische Stichprobencharakteristika zurückzuführen sind.

Zur Vorsicht bei der Ergebnisinterpretation mahnt der in der vorliegenden Untersuchung durchgeführte Gruppenvergleich mit den Skalenmittelwerten der Normstichprobe des IIP-D (N= 1335, Horowitz et al., 1994). Offenbar sind es nicht nur die Straftäter, die bei näherer Betrachtung der Skalenmittelwerte eine Sondergruppe darstellen, sondern auch die beiden Vergleichsgruppen. Während die signifikant höheren Skalenwerte der Untersuchungsstichprobe in der Skala "zu streitsüchtig/konkurrierend" (Wilcoxon-Test, p<.05) im Vergleich zur Normstichprobe den theoretischen Erwartungen entsprechen, weisen insbesondere die niedrigen Scores beider Vergleichsgruppen in den Skalen "zu abweisend/kalt" (p<.01) und "zu streitsüchtig/konkurrierend" (Vergleich: Gemeindemitglieder vs. Normstichprobe, p<.01) darauf hin, daß es sich bei den Vergleichsgruppen um Personengruppen handelt, die besonders wenige Probleme mit aggressiven interpersonalen Verhaltensstrategien angeben und sich als gemäßigt und friedliebend beschreiben. Inwiefern dies Ausdruck sozialer Erwünschtheit ist, läßt sich nicht sicher sagen. Aggressive Verhaltenstendenzen im Umgang mit anderen Menschen sind sowohl für die JV-Azubis als auch für die Gemeindemitglieder mit dem Selbstbild bzw. Selbstideal der Gruppe nicht vereinbar und müssen deshalb unterdrückt werden. Diese Annahme ist angesichts der vorliegenden Ergebnisse durchaus plausibel.

Exploration: Bindungsstile und interpersonale Probleme
Sicher gebundene Straftäter haben fast durchgängig geringere Gruppenmittelwerte in allen interpersonalen Problembereichen als die unsicher gebundenen Gruppen (vgl. Anhang A). Etwas größer sind die Gruppenunterschiede zwischen sicher und unsicher gebundenen Personen in den Skalen " zu autokratisch/dominant", "zu streitsüchtig/konkurrierend" und "zu abweisend/kalt". Dem gegenüber sind zwischen den unsicher gebundenen Gruppen keine sinnvoll interpretierbaren Trends erkennbar.

4.2.4 Kompetenz- und Kontrollwahrnehmung

Die statistische Hypothese lautete: Straftäter zeigen weniger Selbstvertrauen und Vertrauen in ihre eigenen Fähigkeiten als die Vergleichsgruppen. Darüber hinaus wurde postuliert, daß Straftäter persönlich relevante Lebensereignisse eher externalen Kontrolleinflüssen zuschreiben würden als nicht strafrechtlich auffällige Männer.

Der Unterschied bezüglich des Selbstkonzepts von Straftätern und den Vergleichsgruppen konnte statistisch nicht abgesichert werden. Dieses Ergebnis steht im Widerspruch zu empirischen Arbeiten zum Selbstkonzept von Straftätern. Das Selbstkonzept bezieht sich auf das Wissen, die Vorstellungen und Überzeugungen einer Person über sich selbst. Der Begriff des Selbstwerts kann als affektive Komponente des Selbstkonzepts interpretiert werden. Straftäter haben häufig ein negatives Selbstkonzept, was mit einem geringen Selbstwertgefühl korrespondiert (Rosenberg & Rosenberg, 1978; Kaplan, 1980; Kröber et al., 1993).

Neben der geringen Stichprobengröße und den damit verbundenen Stichprobeneffekten könnten auch andere Ursachen für das unerwartete Ergebnis verantwortlich sein. Im Sozialkontakt gehemmte und inkompetente Straftäter werden vermutlich nicht an einer mehrstündigen psychologischen Untersuchung teilnehmen. Es könnte also eine Vorauswahl der Stichprobe bezüglich größerer sozialer Kompetenz stattgefunden haben. Die Straftätergruppe hatte jedoch erwartungsgemäß höhere Werte als die Gemeindemitglieder in der Skala "Fatalistische Externalität". Inhaltlich verweist dies auf die Überzeugung von Straftätern, daß Lebensereignisse prinzipiell von Vorgängen bestimmt werden, die von der Person selbst nicht beeinflußbar sind. Überraschend ist das schwache Selbstkonzept eigener Fähigkeiten bei den JV-Azubis im Vergleich zu sowohl Straftätern als auch Gemeindemitgliedern. Möglicherweise gilt für die Gemeindemitglieder dasselbe Argument wie für die Straftäter. Außerhalb des institutionellen Kontextes und den damit verbundenen Gruppenzwängen erklären sich vermutlich nur selbstbewußte und sozial kompetente Personen zu einer Untersuchung von diesem Ausmaß bereit.

Die Externalitätswerte der Straftäter stehen im Einklang mit den Ergebnissen einer Studie von Steller und Stürmer (1986), die bei 49 Häftlingen hohe Werte in der Skala FKK-C "Fatalistische Externalität" in Abhängigkeit von der Anzahl bisheriger Haftstrafen und der bisherigen Haftdauer fanden.
Im Widerspruch dazu steht aber der Vergleich der Straftätergruppe mit der Normstichprobe (N=2028, Krampen, 1991). Dieser ergab signifikant niedrigere Skalenwerte für die Straftäter in den Externalitätsskalen FKK-P "soziale Externalität" (Wilcoxon-Test, p<.01) und FKK-PC "Externalität" (p<.05) und keine Unterschiede in der Skala FKK-C.. Beide Vergleichsgruppen haben niedrigere Scores als die Normstichprobe in der Skala FKK-C. Auffällig sind ferner die niedrigen Summenwerte aller drei Gruppen in der Skala FKK-SK (Selbstkonzept eigener Fähigkeiten, p<.01). Offenbar sind die statistischen Unterschiede zwischen den Gruppen und die daraus zu ziehenden Schlußfolgerungen nicht auf die Allgemeinbevölkerung übertragbar und demnach nur für den hier vorgelegten Gruppenvergleich gültig. Vor diesem Hintergrund stimmt das Selbstkonzept eigener Fähigkeiten der Straftätergruppe mit den empirischen Vorgaben (s.o.) überein. Das Ergebnis ist für die Gruppe der Gemeindemitglieder dann als Beleg für die Richtigkeit der Kompensationshypothese zu verstehen (Kirkpatrick, 1997).

Exploration: Bindungsstile und Kompetenz/Kontrollwahrnehmung
Den theoretischen Erwartungen widersprechend sind die leicht niedrigeren Gruppenmittelwerte der sicher gebundenen Straftäter im Vergleich mit unsicher gebundenen in den Variablen "Selbstkonzept eigener Fähigkeiten" und "Selbstwirksamkeit". Unsicher gebundene Straftäter haben jedoch höhere Mittelwerte in den Skalen "Soziale Externalität" und "Fatalistische Externalität" als sicher gebundene.

4.2.5 Selbstregulation

Den Literaturhinweisen zu selbstregulativen Prozessen von Straftätern folgend (vgl. Reinke, 1997; Bateman, 1996; Fonagy & Target, 1996; de Zulueta, 1996; Kernberg, 1975; Kernberg, 1997), wurden in der vorliegenden Arbeit Unterschiede zwischen den Gruppen bezüglich intrapsychischer narzißtischer Regulationsmechanismen wie Größenphantasien und Wunsch nach Lob und Bestätigung bei gleichzeitiger Abwertung von Bezugspersonen postuliert. Ferner wurden Unterschiede bezüglich des Selbstideals, der Fähigkeit der Affekt- und Impulskontrolle und des Gefühls sozialer Isolation zwischen den Gruppen erwartet.

Die Hypothese wurde weitgehend bestätigt.

Straftäter und Gemeindemitglieder unterscheiden sich hoch signifikant bezüglich der Skalen "Objektabwertung" und "Werte-Ideal". Im Gruppenvergleich der Skalen "Soziale Isolierung" und "Gier nach Lob und Bestätigung" sind Trends erkennbar, die im Einzelvergleich statistische Signifikanz (p<.05) erreichen.

Straftäter werten häufiger als Gemeindemitglieder andere Personen ab und orientieren sich weniger an gesellschaftlichen Wertvorstellungen. Obgleich sie sich in einer ungünstigen Lebenssituation befindet, strebt die Straftätergruppe weniger nach Lob und Anerkennung als die Gemeindemitglieder. Diese Unterschiede fanden sich aber nicht im Gruppenvergleich zwischen Straftätern und JV-Azubis. Die Ergebniskonstellation könnte zunächst mit einer besonders normkonformen Einstellung von religiösen Personen zusammenhängen. Gleichzeitig wird viel Wert auf gut funktionierende Sozialkontakte gelegt (z.B. im Gottesdienst), durch die auch Wünsche nach Nähe, Lob und Anerkennung befriedigt werden können (vgl. Wulff, 1997; Spilka und McIntosh, 1997). Angesichts der begrenzten sozialen Handlungsmöglichkeiten der Straftäter sind die Gruppenunterschiede zu beiden Vergleichsgruppen in bezug auf soziale Isolierung nicht überraschend.

Die in der Literatur beschriebene hohe Korrelation zwischen Impulsivität, d.h. der Tendenz, auf tatsächliche oder vermeintliche Kränkungen, Beleidigungen, Enttäuschungen etc. heftig zu reagieren, und Gewalttätigkeit (Hollander & Stein 1995; Webster & Jackson, 1997a; Barrat, 1994) konnte in dieser Untersuchung nicht untermauert werden. Im letzten Abschnitt wurde schon auf spezifische Merkmale der Untersuchungsgruppe hingewiesen. Die Mitarbeit an der vorliegenden Studie, die pro Proband ca. 3 - 3,5 Stunden in Anspruch nahm, setzt eine gute Affekt- und Frustrationstoleranz voraus.

Im Vergleich mit einer Normstichprobe gesunder Männer (N=16, Deneke & Hilgenstock, 1989) ergaben Wilcoxon-Tests weitgehend hypothesenkonforme Ergebnisse für die Straftätergruppe. Signifikant höhere Scores hatte die Straftätergruppe u.a. in den Skalen Affekt/Impulskontrollverlust (p<.01), Narzißtische Wut (p<.01) und Objektabwertung (p<.001).

Die Tendenz zur Abwertung anderer Personen gilt im Vergleich zur Normstichprobe auch für die JV-Azubis (Objektabwertung p<.05). Damit in Verbindung steht der Wunsch nach Lob und Bestätigung (p<.01), der unter Berücksichtigung des Gefängnisalltags nicht überraschend ist (Wagner, 1985).

Beeindruckend ist die Größe des Mittelwertunterschieds der Gemeindemitglieder von der Normstichprobe in der Skala "Sehnsucht nach idealem Selbstobjekt" (p≤.001). Möglicherweise ist es genau diese Sehnsucht, der Wunsch nach Identifikation mit Macht und Glanz eines idealisierten Objekts, die einige Menschen zum Beitritt in eine streng religiöse Gemeinschaft veranlaßt.

Exploration: Bindungsstil und Selbstregulation

Die durch das Narzißmusinventar erfaßten selbstregulativen Mechanismen innerhalb der Straftätergruppe bilden bei genauerer Betrachtung der Skalenmittelwerte ein relativ einheitliches Muster. Die Skalenmittelwerte der unsicher gebundenen Straftäter sind fast durchgängig niedriger als die der unsicher gebundenen. Auffällig ist auch, daß besonders die unsicher-gemischt gebundenen Straftäter die höchsten Skalenmittelwerte von allen Gruppen aufweisen. Der Unterschied ist zu den sicher gebundenen Straftätern in den Skalen "Affekt- und Impulskontrollverlust", "Soziale Isolierung", "Größenselbst", "Narzißtische Wut", "Gier nach Lob und Bestätigung" und "Objektabwertung" am höchsten, und stets höher als die Unterschiede zwischen den unsicher-vermeidend und unsicher-ambivalent gebundenen Straftätern im Vergleich zu den sicher gebundenen. Diese Gruppentendenzen bestätigen insgesamt die erwartete Richtung. Im Sinne narzißtischer Selbstregulation und Abwehr im Rahmen eines Pathologiekonzeptes scheinen die unsicher-gemischt gebundenen Straftäter im Vergleich mit den anderen Gruppen am ehesten auffällig.

4.2.6 Persönlichkeitsstruktur

In der Literatur wird an verschiedener Stelle auf Persönlichkeitsunterschiede zwischen Straftätern und strafrechtlich unauffälligen Personen hingewiesen. Erwähnenswert ist in diesem Zusammenhang die Differenzierung von Straftäterpersönlichkeiten in überkontrollierte und unterkontrollierte Gewaltstraftäter (Megargee, 1966) und die von Blackburn (1986) stammende Differenzierung in 1. primäre Psychopathen, 2. sekundäre Psychopathen und neurotische Täter, 3. kontrollierte und 4. gehemmte Persönlichkeiten. In einer Studie zu Bindungsstilen und den Persönlichkeitsdimensionen des NEO-FFI fanden Shaver und Brennan (1992) bei sicher gebundenen Personen im Vergleich zu den unsicher gebundenen signifikant höhere Scores in den Skalen "Verträglichkeit" und "Extraversion" und niedrigere Scores in der Skala "Neurotizismus". In der genannten Studie wurden allerdings keine Straftäter, sondern Studenten untersucht.

In der vorliegenden Untersuchung wurde angenommen, daß Straftäter extravertierter, weniger gewissenhaft und weniger verträglich als die Vergleichsgruppen sind.

In den Skalen "Verträglichkeit", "Extraversion" und "Offenheit" fanden sich statistisch signifikante Unterschiede (p<.05) zwischen der Straftätergruppe und den Gemeindemitgliedern. Gemeindemitglieder beschrieben sich als verträglicher, extravertierter und weniger offen als die Straftäter. Die Ergebnisse zur sozialen Verträglichkeit leuchten ein. Sie stehen im Einklang mit Studien zu Norm- und Wertvorstellungen von religiös stark verankerten Personen (Überblick: Wulff, 1997; Spilka & McIntosh, 1997). Überraschend sind insbesondere die niedrigen Offenheitsscores der Gemeindemitglieder.

Ähnliche, aber tendenziell geringer ausgeprägte Persönlichkeitsunterschiede bestehen zwischen Straftätern und JV-Azubis. Es sind Trends erkennbar, diese konnten aber für die Skala Extraversion nicht statistisch abgesichert werden (p<.05). Auch die JV-Azubis sind verträglicher und weniger offen als die Straftätergruppe. Mit Ausnahme eines Gruppenvergleichs zwischen Straftätern und Gemeindemitgliedern (Skala Verträglichkeit, p≤.001, ES= +1,50) sind die Effekte allerdings relativ gering.

Alle drei Gruppen unterscheiden sich in der zentralen Tendenz deutlich von der deutschen Normstichprobe des NEO-FFI (N= 2112, Borkenau & Ostendorf, 1993). Die höheren Gruppenmittelwerte aller drei Stichproben in allen Skalen des NEO-FFI sind möglicherweise auf eine im Vergleich zur Allgemeinbevölkerung extremere Antworttendenz zurückzuführen und weniger auf echte Persönlichkeitsunterschiede zwischen Normstichprobe und den hier untersuchten Personengruppen.

Exploration: Bindungsstil und Persönlichkeitsstruktur
Die Gruppenmittelwerte der vier Bindungskategorien sind in den fünf Persönlichkeitsskalen des NEO-FFI etwa gleich. Im Sinne eines Psychopathologiekonzeptes, das auf unsicheren Bindungsstilen bzw. Bindungsstörungen beruht, können anhand des vorliegenden Datensatzes keine inhaltlich vertretbaren Aussagen gemacht werden.

4.3 Schlußfolgerung

Im Hinblick auf die vorliegenden Ergebnisse erscheint es lohnenswert, in zukünftigen Untersuchungen größere Stichproben zu rekrutieren. Besonders vielversprechend erscheint eine nähere Betrachtung der unsicher-gemischten Bindungskategorie. In der vorliegenden Untersuchung sind Straftäter, die einen solchen Bindungsstil aufweisen, tendenziell stärkeren psychosozialen Belastungen ausgesetzt gewesen und weisen eine stärkere Persönlichkeitsproblematik auf als Straftäter, die den anderen Bindungskategorien zugewiesen wurden. Eine Replikation mit großen Personengruppen, die auch eine für die Allgemeinbevölkerung repräsentative Stichprobe umfaßt, könnte über die hier nur angedeuteten Zusammenhänge Klarheit verschaffen.

Ferner ist es notwendig, im Rahmen eines umfassenden Methodenvergleichs eindeutigere Aussagen im Hinblick auf Reliabilitäts- und Validitätskriterien verschiedener Bindungsinstrumente möglich zu machen. Parallel dazu sollte die theoretische Diskussion um die begriffliche Definition bindungstheoretischer Konstrukte vereinheitlicht werden (vgl. Kap 1.1.3). In der einschlägigen Literatur finden sich immer wieder Begriffe wie "Bindungsstil", "Bindungsmuster", "Bindungskategorie" und "Bindungsrepräsentation", die Abgrenzung der Begriffe bleibt jedoch häufig unklar (vgl. Buchheim et al., 1997).

Eine wichtige Frage, die im Anschluß auf die Ergebnisse dieser Arbeit gestellt werden kann, ist die der prädiktiven Validität bindungstheoretischer Konstrukte für die Vorhersage von Gewaltstraftaten. In Längsschnittstudien mit mehreren Meßzeitpunkten wäre die prognostische Relevanz der Bindungsstile zu evaluieren und in den Korpus bekannter Risiko- bzw. protektiver Faktoren einzuordnen. Parallel sollten Überlegungen für eine bindungstheoretisch fundierte Psychotherapie von Gewaltstraftätern weitergeführt und in zukünftige Forschungsarbeiten über bindungstheoretische Konstrukte einbezogen werden (vgl. Kap. 4.4.2).

4.4 Ausblick

4.4.1 Weitere theoretische Überlegungen

Fonagy und Target (1996) unterscheiden zwischen geplanten gewalttätigen Akten und spontanen, also ungeplanten, welche als defensive Reaktion auf eine wahrgenommene Bedrohung gesehen werden, begleitet von einem erhöhten emotionalen Erregungsniveau.

In der neueren Literatur zu Emotionen werden in Weiterentwicklung älterer Emotionstheorien zwei grundlegende Emotionssysteme differenziert: ein System der Basisemotionen (primary affect system) und ein sozial-kognitives Emotionssystem (social emotional system) (Traue, 1998, S. 35). Das System der Basisemotionen organisiert die primären Affekte in Affektprogrammen bzw. Emotionsmodulen (Griffiths, 1997; Ekman, 1972, 1980, 1992), welche phänomenologisch einheitlich auftreten, subkortikal auslösbar und interindividuell stabil sind. Diese Affektsysteme sind phylogenetisch angelegt und haben aus einer evolutionären Perspektive einen wesentlichen Überlebenswert. Emotionale Äußerungen im Rahmen der Affektsysteme sind komplex, koordiniert und automatisiert (Ekman ,1972, 1980, 1992). Abgeleitet aus den Ergebnissen zu Experimenten zum Gesichtsausdruck (facial expression) versteht Ekman Affektprogramme als in neuronalen Erregungskreisen verankerte Systeme, welche die unterschiedlichen Elemente einer emotionalen Reaktion organisieren. Zahlreiche interkulturelle Studien konnten zeigen, daß Basisemotionen bzw. Affektprogramme in einer Vielzahl ethnischer Gruppen als mimisches Verhalten beobachtbar sind. Das mimische Verhalten hat ähnliche kulturunabhängige Bedeutungen (Traue, 1998).

Es gibt allerdings viele Emotionen, die nicht mit Wirkungen von Affektprogrammen erklärt werden können. Gefühle wie Schuld, Neid, Eifersucht etc. zeigen kein stereotypes bzw. charakteristisches physiologisches Muster. Darüber hinaus scheint bei diesen Emotionen kognitive Tätigkeit, welche zu planerischem und zielgerichtetem Handeln führt, eine Rolle zu spielen. Diese Überlegungen führten zur Annahme eines hierarchisch über dem Basissystem angeordneten Emotionssystems, welches das Basissystem über Hemm- und Verstärkungsmechanismen kontrolliert. Die Kontrollmechanismen wirken auf die Wahrnehmungs- und Ausdruckskomponenten über die Aktivität des präfrontalen Kortex. In diesem Zusammenhang steht auch die Unterscheidung zwischen primären und sekundären Emotionen (Damasio, 1994). Primäre Emotionen entsprechen dabei grob den Affektprogrammen, die angeboren und im limbischen System lokalisiert sind, sekundäre Emotionen sind erworben und somit sozial-kognitiv beeinflußbar. Die in den primären Emotionen stereotypen physiologischen Konsequenzen werden in den sekundären Emotionen moduliert durch die soziale Erfahrungswelt einer Person.

Unter Bezugnahme theoretischer Voraussetzungen der Commitment-Theorie von Frank (1988) schlägt Griffiths (1997) eine Emotionstheorie vor, die (höhere kognitive) Emotionen als passive und unwillkürlich über ein Individuum hereinbrechende motivationale Zustände definiert, welche eine Lösung für das Commitment-Problem bieten können. Das Commitment-Problem besteht nach Frank darin, daß menschliches Verhalten und die dieses Verhalten begleitenden emotionalen Zustände häufig rationalen Überlegungen im Sinne kurzfristiger Nutzenoptimierung entgegenstehen. So ist es z.b. offensichtlich, daß viele Entscheidungen aus Loyalität mit anderen Personen getroffen werden, auch wenn dieses Verhalten zunächst keinen individuellen Nutzen einbringt. Andererseits fügen sich Menschen, die sich an anderen rächen möchten, häufig noch größeren Schaden zu. Solche Verhaltensweisen können durch "rational-choice"-Überlegungen nicht hinreichend erklärt werden. Nach Frank sind soziale Emotionen wie Ärger, Mißachtung, Ekel, Neid, Scham und Schuld Motivationskomponenten, die unwillkürlich auftreten, um ein Individuum zu Verhaltensstrategien zu bewegen, welche sonst durch Selbstinteresse und Eigennutz verhindert werden würden. Zentral in diesen Überlegungen ist die wichtige Rolle, die den Emotionen in interpersonalen Situationen zugewiesen wird. Emotionen sind Bausteine und Garanten von Allianzen zwischen Personen, die langfristig vorteilhaft sein können, aber kurzfristig ständig in Gefahr stehen, von rationalen Überlegungen im Sinne eines "rational-choice"-Paradigmas bzw. direktem Selbstinteresse korrumpiert zu werden. Emotionen lösen damit das "Commitment"-Problem. Wenn höhere kognitive Emotionen interpersonale soziale Situationen regulieren und wesentlich für die Formation und Aufrechterhaltung solcher interpersonaler Bindungen sind, dann könnten daraus Annahmen zu Personen mit Schwierigkeiten in der Affekt- und Emotionsregulierung hergeleitet werden.

Im Sinne vom Fonagys Mentalisierungskonzept (Fonagy, 1996) könnte man postulieren, daß gewalttätige Personen, die durch ungeplante Delikte in Erscheinung treten, aufgrund ihrer häufig problematischen Sozialisationsgeschichte Schwierigkeiten haben, höhere kognitive Emotionen zur Regulation (belastender) interpersonaler Situationen einzusetzen. Das sozial-kognitive Emotionssystem setzt Lernerfahrungen voraus und dürfte auch bei einigen in der vorliegenden Arbeit untersuchten Straftätern unzureichend bzw. dysfunktional ausgebildet sein. In emotional belastenden Situationen wäre zu postulieren, daß diese Täter aufgrund dysfunktionaler Hemmungs- und Kontrollmechanismen des hierarchisch höheren sozial-kognitiven Emotionssystems häufiger auf das primäre Affektsystem zurückgreifen, was letztlich zu "ungebremsten" gewalttätigen Aktionen geführt hat.
Diese Delikte können dann, müssen aber nicht zwangsläufig durch die strafrechtliche Kategorie des Affektdelikts (Saß, 1983, 1985) unter Gebrauch des Rechtsbegriffs der "tiefgreifenden Bewußtseinsstörung" im Sinne des § 20 StGB Auswirkungen auf die strafrechtliche Behandlung dieser Täter haben. Als kriminologisches Konstrukt ist die Kategorie der Affekttat allerdings heftig umstritten (vgl. Schorsch, 1988).
Keiner der in dieser Arbeit untersuchten Straftäter beging eine Affekttat im juristischen Sinne, dennoch liegt es nahe, für viele dieser Straftäter frühe neurotische, mit der Tat in Verbindung stehende Beziehungskonstellationen zu postulieren, unab-

hängig von deren forensischer Bewertung als pathologisch oder nicht. Im Rahmen bindungstheoretischer Überlegungen werden gewalttätige Handlungen als Folge dysfunktionaler Innerer Arbeitsmodelle zwischenmenschlicher Beziehungen konzipiert. Es macht Sinn, die emotionale Komponente dieser Modelle als entwicklungsbedingte Beeinträchtigung des höheren kognitiven Emotionssystems zu betrachten. Begleitend wird der Aufbau und die Aufrechterhaltung interpersonaler "Allianzen" erschwert und der Rückgriff auf schnelle physiologische Reaktionsmuster im Rahmen primärer Affekte unter der Prämisse einer möglichst umgehenden Problemlösung erleichtert.

4.4.2 Forensisch-therapeutische Implikationen

Das vergleichsweise junge Arbeitsgebiet der forensischen Psychotherapie stellt die lange Zeit vernachlässigte Behandlung von Straftätern ins Zentrum der klinischen Forschungsbemühungen (Pfäfflin & Kächele, 1996). Neben dem Bedarf einer umfassenden theoretischen Begründung (Lehmann, 1994) sehen Pfäfflin und Mergenthaler (1998) die wichtigste theoretische Aufgabe der forensischen Psychotherapie darin, Erkenntnisse aus der Forensischen Psychiatrie und der Psychotherapie sowie weiterer Fachgebiete, wie z.B. Kriminologie oder Rechtsmedizin, zu integrieren und wechselseitig nutzbar zu machen. Dabei formulieren sie die Forderung, daß die Forschung im Bereich der Forensischen Psychotherapie generell einen engeren Anschluß an die allgemeine Psychotherapieforschung und die dort entwickelte Methodik herstellen sollte.

Eine erfolgreiche psychotherapeutische Behandlung soll den delinquenten Patienten befähigen, sich mit sich selbst sowie seinen maladaptiven Interaktionsmustern auseinanderzusetzen. Das von Therapieschulen unabhängige Modell einer differentiellen Behandlungswahl (Beutler & Clarkin, 1990) kann als Versuch verstanden werden, "anzuwenden, was wir wissen über 'wann was für wen wirken kann', und die Anwendung behandlungstechnischer Prozeduren für spezifische Arten von Patienten und Problemkonstellationen zu fördern" (Kächele & Kordy, 1996, S. 354ff). Das Modell definiert vier Variablengruppen, denen bei fast allen Indikationsentscheidungen eine zentrale Bedeutung zukommt: (1) Ausgangsbedingungen des Patienten, (2) Behandlungskontext, (3) Beziehungsgestaltung und (4) therapeutische Strategien und Techniken. Zu Beginn einer psychotherapeutischen Behandlung interessieren insbesondere jene Patientenmerkmale, die der Patient mitbringt und die für das Ergebnis einer psychotherapeutischen Behandlung prädiktiv sind. Derartige Patientenmerkmale werden unter dem Begriff der prognostischen Indikation geführt. Persönlichkeitseigenschaften können bei Indikations-

entscheidungen insofern relevant sein, als sie zur Entscheidung für den Behand-
lungsrahmen und die Behandlungsmethode beitragen. Die Konstrukte der Bindungsorganisation und des interpersonalen Verhaltens würden sich als derartige
Persönlichkeitsmerkmale eignen, da postuliert werden kann, daß im Hinblick auf
spezifische Bindungsmuster und interpersonale Probleme unterschiedliche Be-
handlungskontexte und therapeutische Behandlungsmethoden indiziert sind. Auf
diesem Wege fließen Forschungsperspektiven und Ergebnisse der Grundlagenforschung direkt in die Indikationsentscheidungen und ins Prozeßgeschehen von forensischen Psychotherapien mit ein.

Obgleich bei der psychotherapeutischen Arbeit im forensischen Setting einige Besonderheiten zu berücksichtigen sind (Pfäfflin et al., 1998), geben die theoretischen Diskussionen und Ergebnisse zur Wirksamkeit von "Bindungstherapie"
(vgl. Holmes, 1993a; Köhler, 1995, 1998; Mace & Margison, 1997; Fonagy, 1998)
durchaus Anlaß, durch Anwendung psychotherapeutischer Methoden weiterhin zu
versuchen, den Bereich der Verantwortlichkeit und Schuldfähigkeit von straffällig
gewordenen Individuen zu erweitern.

5. Zusammenfassung

Ziel der Arbeit ist es, einen Beitrag zur Identifikation und Beschreibung von Bindungsstilen bei gewalttätigen Straftätern zu leisten. Beantwortet wird die Leitfrage, ob sich in einer Stichprobe von Gewaltstraftätern charakteristische Bindungsstile identifizieren lassen, die sich von jenen strafrechtlich nicht auffälliger Kontrollpersonen unterscheiden.

Als Untersuchungsgruppe dienen 31 wegen Gewaltdelikten verurteilte Straftäter und zwei Vergleichsgruppen von strafrechtlich nicht in Erscheinung getretenen Männern (22 Auszubildende im Justizvollzugsdienst und 21 Mitglieder christlicher Pfingstgemeinden). Über die Identifikation der Bindungsstile hinaus wird eine Charakterisierung der Stichproben hinsichtlich kriminalprognostisch relevanter Faktoren, wie soziodemographischer und familiärer Hintergrund, Persönlichkeit, interpersonale Probleme und Beziehungsgestaltung, Selbstkonzept und Selbstregulation, vorgenommen.

Die Frage nach der differentiellen Bedeutung der Bindungsstile im Hinblick auf die oben beschriebenen kriminalprognostisch relevanten soziodemographischen und Persönlichkeitsvariablen wird exploriert und damit die Grundlage für weiterführende Überlegungen geschaffen.

Die Bindungsstile von Gewaltstraftätern unterscheiden sich von den Bindungsstilen der Vergleichsgruppen. In der Gegenüberstellung finden sich weniger sichere Bindungsklassifikationen, instabilere Beziehungen, weniger emotionale Bindungen an andere Personen und damit verbunden ein größeres Streben nach persönlicher Autonomie. Fremd- und Selbsteinschätzung in bezug auf Bindungsstile bzw. Bindungssicherheit unterscheiden sich zum Teil deutlich. Einige Ergebnisse deuten darauf hin, daß diese Unterschiede möglicherweise auf Besonderheiten des verwendeten Meßinstruments zurückzuführen sind.

Was die Einordnung der Straftätergruppe hinsichtlich soziodemographischer und beziehungsrelevanter Persönlichkeitvariablen angeht, sind die Ergebnisse insgesamt heterogener, es zeichnen sich aber Trends ab. Frühe psychosoziale Belastungsfaktoren, z.B. Gewalterfahrungen mit den zentralen Bezugspersonen, Schulprobleme oder Substanzmißbrauch, sind in der Straftätergruppe häufiger als in den Vergleichsgruppen. Interpersonale Problembereiche der Straftäter sind gekennzeichnet durch ein Streben nach Dominanz und Kontrolle. Es finden sich hohe Skalenmittelwerte in der Dimension "Dominanz" und den Skalen "zu autokratisch/dominant", "zu streitsüchtig/konkurrierend" und "zu abweisend/kalt".

Das Selbstkonzept eigener Fähigkeiten unterscheidet sich in der Straftätergruppe nicht von dem der Vergleichsgruppen. Die untersuchten Straftäter vertreten eher die

Ansicht, daß viele Lebensereignisse vom "Schicksal" beeinflußt sind und weniger von Eigeninitiative und persönlicher Verantwortlichkeit getragen werden. Eine bevorzugte Strategie der Straftätergruppe, mit eigenen Konflikten, interpersonalen Schwierigkeiten und der aversiven Lebenssituation umzugehen, scheint die Entwertung anderer Personen zu sein. Außerdem halten Straftäter sehr viel weniger als die Vergleichsgruppen von gesellschaftlichen Werte-Idealen und fühlen sich sozial isolierter. Besondere Auffälligkeiten der Straftäter im Sinne von Affekt- und Impulskontrollverlust oder narzißtischen Regulationsmechanismen konnten im Gruppenvergleich nicht bestätigt werden. Persönlichkeitsunterschiede liegen beim Vergleich aller Gruppen nur im Bereich allgemeiner sozialer Verträglichkeit vor. In den Einzelvergleichen kristallisieren sich signifikante Unterschiede in den Skalen Extraversion, Verträglichkeit und Offenheit heraus.

Im Rahmen des explorativen Vorgehens läßt sich ein Trend erkennen, wonach sicher gebundene Straftäter weniger psychosoziale Belastungsfaktoren aufweisen als unsicher gebundene.

Eine Generalisierung der Ergebnisse sollte nicht vorgenommen werden. Ein Teil der Gruppenvergleiche mit Normstichproben verschiedener Fragebogen weist darauf hin, daß keine der drei Gruppen repräsentativ für die Allgemeinbevölkerung ist.

Es ist wünschenswert, die vorliegenden Ergebnisse in weiteren Untersuchungen an größeren Stichproben zu replizieren. In einem nächsten Schritt könnte die prädiktive Validität bindungstheoretischer Konstrukte für die Vorhersage von Gewaltstraftaten mit ähnlichen Untersuchungsdesigns evaluiert werden. Daraus wären sowohl theoretisch als auch praktisch bedeutsame Überlegungen für eine bindungstheoretisch fundierte Psychotherapie von Gewaltstraftätern ableitbar.

6. Literatur

Adam, K., Keller, A., West, M., Larose, S., & Goszer, L. (1994). Parental representation in suicidal adolescents: A controlled study. *Australian and New Zealand Journal of Psychiatry, 28,* 418-425.

Adler, B. (1976). Erfahrungen aus der Gruppenarbeit mit Strafvollzugsbeamten. *Psyche, 30,* 618-624.

Aichhorn, A. (1925). *Verwahrloste Jugend.* (5. Aufl.,1971). Bern: Huber.

Ainsworth, M. D. (1967). *Infancy in Uganda: Infant care and growth of love.* Baltimore: The Johns Hopkins University Press.

Ainsworth, M. D. (1985). Patterns of attachment. *Clinical Psychologist, 38,* 27-29.

Ainsworth, M. D., Bell, S., & Stayton, D. (1974). Infant-mother attachment and social development: "Socialisation" as a product of reciprocal responsiveness to signals. In M. Richards (Hg.), *The integration of a child into a social world* (S. 99-135). New York: Cambridge University Press.

Ainsworth, M. D., Blehar, M., Waters, E., & Wall, S. (1978). *Patterns of Attachment: A Psychological Study of the Strange Situation.* Hillsdale, New York: Erlbaum.

Alexander, F., & Healey, W. (1935). *Roots of crime.* Montclair, New York: Knopf.

Alexander, P. (1992). Application of attachment theory to the study of sexual abuse. *Journal of Consulting and Clinical Psychology, 60,* 185-195.

Alexander, P., & Anderson, C. (1994). An attachment approach to psychotherapy with the incest survivor. *Psychotherapy, 31,* 665-675.

Allen, J., Hauser, S., & Borman-Spurell, E. (1996). Attachment theory as a framework for understanding sequelae of severe adolescent psychopathology. *Journal of Consulting and Clinical Psychology, 64,* 254-263.

Amelang, M. (1986). *Sozial abweichendes Verhalten.* Berlin: Springer.

American Psychiatric Association. (1994). Diagnostic and statistical manual of mental disorders. (4. Aufl.). Washington, DC: American Psychiatric Association.

Andrews, D., & Bonta, J. (1995). *The psychology of criminal conduct.* Cincinnati: Anderson.

Andrews, D. A. (1995). The psychology of criminal conduct and effective treatment. In J. McGuire (Hg.), *What works: Reducing reoffending - Guidelines from research and practice* (S. 35-62). Chichester, New York.: Wiley.

Argyle, M., & Beit-Hallahmi, B. (1975). *The social psychology of religion.* London: Routledge & Kegan Paul.

Bandura, A. (1979 a). *Sozial-kognitive Lerntheorie.* (1. Aufl.). Stuttgart: Klett.

Bandura, A. (1979 b). *Aggression - Eine Sozial-lerntheoretische Analyse.* Stuttgart: Klett.

Bandura, A. (1979c). The social learning perspective: Mechanisms of aggression. In H. Toch (Hg.), *Psychology of Crime and Criminal Justice* (S. 198-236). New York: Holt, Rinehart & Winston.

Bandura, A. (1991). Social cognitive theory of moral thought and action. In W. Kurtines & J. Gewirtz (Hrsg.), *Handbook of moral behaviour and development* (1, S. 45-103). Hillsdale, New York: Erlbaum.

Barrat, E. (1994). Impulsiveness and aggression. In J. Monahan & H. J. Steadman (Hrsg.), *Violence and mental disorder: Developments in risk assessment* (S. 61-79). Chicago: University of Chicago Press.

Bartholomew, K., & Horowitz, L. (1991). Attachment styles among young adults. *Journal of Personality and Social Psychology, 61*, 226-244.

Bateman, A. (1996). Defence Mechanisms: General and forensic aspects. In C. Cordess & M. Cox (Hrsg.), *Forensic Psychotherapy: Crime, psychodynamics and the offender patient* (1. Aufl., S. 41-52). London, Bristol: Jessica Kingsley.

Benson, P., & Spilka, B. (1973). God image as a function of self-esteem and locus of control. *Journal for the Scientific Study of Religion, 12*, 297-310.

Bergin, A. (1983). Religiosity and mental health: A critical reevaluation and meta-analysis. *Professional Psychology: Research and Practice, 14*, 170-184.

Berkowitz, L. (1989). The frustration-aggression hypothesis: An examination and reformulation. *Psychological Bulletin, 106*, 59-73.

Berman, M., & Cocarro, E. (1998). Neurobiologic correlates of violence: Relevance to criminal responsibility. *Behavioral Sciences and the Law, 16*, 303-318.

Berman, M. E., Kavoussi, R. J., & Coccaro, E. F. (1997). Neurotransmitter correlates of human aggression. In D. M. Stoff, J. Breiling, & J. D. Maser (Hrsg.), *Handbook of Antisocial Behavior* (S. 305-314). New York: Wiley.

Berman, W., & Sperling, M. (1994). The structure and function of adult attachment. In W. Berman & M. Sperling (Hrsg.), *Attachment in Adults* (S. 1-30). New York, London: Guilford Press.

Beutler, L., & Clarkin, J. (1990). *Systematic treatment selection*. New York: Brunner/Mazel.

Blackburn, R. (1986). Patterns of personality deviation among violent offenders: replication and extension of an empirical taxonomy. *British Journal of Criminology, 26*, 254-269.

Blackburn, R. (1987). Two scales for the assessment of personality disorder in antisocial populations. *Journal of Personality and Individual Differences, 8*, 81-93.

Blackburn, R. (1993). *The Psychology of Criminal Conduct. Theory, Research and Practice.* Chichester, New York: Wiley.

Bliwise, N., Pike, M., O'Sullivan, M., Evashevski, K., & Travis, L. (1996). *Attachment style, psychotherapy process, and psychotherapy outcome.* Vortrag anläßlich des "27th annual meeting of the Society for Psychotherapy Research", Amelia Island, Florida.

Böker, W., & Häfner, H. (1973). *Gewalttaten Geisteskranker.* Berlin: Springer.

Borkenau, P., & Ostendorf, F. (1993). NEO-Fünf-Faktoren Inventar (NEO-FFI). Göttingen: Hogrefe.

Bortz, J. (1993). *Statistik für Sozialwissenschaftler.* (4. Aufl.). Berlin: Springer.

Bortz, J., & Döring, N. (1995). *Forschungsmethoden und Evaluation.* (2. Aufl.). Berlin: Springer.

Borum, R. (1996). Improving the clinical practice of violence risk assessment. Technology, guidelines, and training. *American Psychologist, 51,* 945-956.

Bowlby, J. (1946). Forty-four juvenile thieves. Their characters and home life. *International Journal of Psychoanalysis, 25,* 1-57, 207-228.

Bowlby, J. (1969). *Attachment and loss.* (Attachment). New York: Basic Books.

Bowlby, J. (1973). *Attachment and loss.* (Separation). New York: Basic Books.

Bowlby, J. (1978). Attachment theory and its therapeutic implications. *Adolescent Psychiatry, 6,* 5-33.

Bowlby, J. (1980). *Attachment and loss.* (Loss, sadness and depression). New York: Basic Books.

Bowlby, J. (1982). Attachment and loss: retrospect and prospect. *American Journal of Orthopsychiatry, 44,* 9-27.

Bowlby, J. (1984). Violence in the family as a disorder of the attachment and caregiving systems. *American Journal of Psychoanalysis, 44,* 9-27.

Bowlby, J. (1985a). The role of childhood experience in cognitive disturbance. In M. Mahoney & A. Freeman (Hrsg.), *Cognition and Psychotherapy* (S. 45-77). London: Plenum.

Bowlby, J. (1988). Developmental psychiatry comes of age. *American Journal of Psychiatry, 145,* 1-10.

Bowlby, J. (1995). Bindung: Historische Wurzeln, theoretische Konzepte und klinische Relevanz. In G. Spangler & P. Zimmermann (Hrsg.), *Die Bindungstheorie: Grundlagen, Forschung und Anwendung* (S. 17-26). Stuttgart: Klett-Cotta.

Bretherton, I. (1985). Attachment theory: retrospect and prospect. In I. Bretherton & E. Waters (Hrsg.), *Growing points in attachment theory and research.* (50, S. 3-35). Chicago: University of Chicago Press.

Bretherton, I. (1995). A communication perspective on attachment relationships and internal working models. *Monographs of the Society for Research in Child Development, 60,* 310-329.

Brooks, A. (1992). The constitutionality and morality of civilly committing violent sexual predators. *University of Puget Sound Law Review, 15*, 709-754.

Buchheim, A., Brisch, K. H., & Kächele, H. (1997). Einführung in die Bindungstheorie und ihre Bedeutung für die Psychotherapie. *Psychotherapie, Psychosomatik & Medizinische Psychologie, 48*, 128-138.

Burgess, E. (1928). Factors determining success or failure on parole. *Journal of Criminal Law and Criminology, 19*, 241.

Caesar, P. (1988). Exposure to violence in the family of origin among wife abusers and maritally nonviolent men. *Violence and Victims, 3*, 49-63.

Cairns, R., Cairns, B., Neckerman, H., Gest, S., & Gairepy, J. (1988). Social networks and aggressive behaviour: Peer support or peer rejection? *Developmental Psychology, 24*, 815-823.

Campbell, S., Meyers, T., Ross, S., & Flanagan, C. (1993). *Chronicity of maternal depression and mother-infant interaction.* Vortrag anläßlich des "Biennal meeting of the Society for Research in Child Development", New Orleans.

Carey, G. (1996). Familiy and genetic epidemiology of aggressive and antisocial behaviour. In D. Stoff & R. Cairns (Hrsg.), *Aggression and violence: Genetic, neurobiological, and biosocial perspectives* (S. 3-22). Hillsdale, New York: Erlbaum.

Carey, G., & Glodman, D. (1997). The genetics of antisocial behavior. In D. M. Stoff, J. Breiling, & J. D. Maser (Hrsg.), *Handbook of Antisocial Behavior* (S. 243-254). New York: Wiley.

Carlson, M., Marcus-Newhall, A., & Miller, N. (1990). Effects of situational aggression cues. *Journal of Personality and Social Psychology, 58*, 622-633.

Carnelley, K., Pietromonaco, P., & Jaffe, K. (1994). Depression, working models of others, and relationship functioning. *Journal of Personality and Social Psychology, 66*, 127-140.

Cassidy, J., & Shaver, P. R. (1999). *Handbook of Attachment: Theory, research, and clinical applications.* New York: Guilford.

Cattell, R. (1963). Theory of fluid and crystallized intelligence: A critical experiment. *Educational Psychology, 54*, 1-22.

Cocarro, E., Silverman, J., Klar, H., Horvath, T., & Siever, L. (1994). Familial correlates of reduced central serotonergic system function in patients with personality disorders. *Archives of General Psychiatry, 51*, 318-324.

Coccaro, E. F. (1996). Neurotransmitter correlates of impulsive aggression in humans. In C. F. Ferris & T. Grisso (Hrsg.), *Understanding aggressive behavior in children* (S. 82-89). New York: New York Academy of Sciences.

Cohen, J. (1988). *Statistical power analysis for the behavioral sciences*. Hillsdale, New York: Erlbaum.

Cole-Detke, H., & Kobak, R. (1996). Attachment processes in eating disorder and depression. *Journal of Consulting and Clinical Psychology, 64*, 282-290.

Collins, W., & Read, S. (1990). Adult attachment, working models and relationship quality in dating couples. *Journal of Personality and Social Psychology, 58*, 644-663.

Cordess, C., & Cox, M. (1996). *Forensic Psychotherapy: Crime, psychodynamics and the offender patient*. (1. Aufl.) London: Jessica Kingsley.

Craft, J. (1995). *Attachment, social support, and violence in adolescent delinquents*. Unveröffentlichte Dissertation, Virginia Commonwealth University.

Crnic, K., Greenberg, M., & Slough, N. (1986). Early stress and social support influence on mothers' and high risk infants' functioning in late infancy. *Infant Mental Health Journal, 7*, 19-33.

Crowell, J. (1990). *Current Relationship Interview*. New York: State University at Stony Brook.

Crowell, J., & Treboux, D. (1995). A review of adult attachment measures: implications for theory and research. *Social Development, 4*, 294-327.

Crowell, J. A., Chris Fraley, R., & Shaver, P. R. (1999). Measurement of individual differences in adolescent and adult attachment. In J. Cassidy & P. R. Shaver (Hrsg.), *Handbook of Attachment: Theory, Research, and Clinical Applications* (S. 434-465). New York: Guilford.

Dahle, K. P. (1997). Kriminalprognosen im Strafrecht. Psychologische Aspekte individueller Verhaltensvorhersagen. In M. Steller & R. Volbert (Hrsg.), *Psychologie im Strafverfahren* (S. 119-140). Bern: Huber.

Damasio, A. (1994). *Descartes error: Emotion, reason, and the human brain.* New York: Grosset/Putnam.

De Boor, C. (1977). Soziotherapie als angewandte Psychoanalyse in einer Sondereinrichtung der holländischen Justiz. In K. Lüderssen & F. Sack (Hrsg.), *Seminar: Abweichendes Verhalten III* (S. 402-416). Frankfurt/M: Campus.

Deneke, F.W., & Hilgenstock, B. (1989). Das Narzißmusinventar. Bern: Huber.

De Ruiter, C., & van IJzendoorn, M. H. (1992). Agoraphobia and anxious-ambivalent attachment: An integrative review. *Journal of Anxiety Disorders, 6,* 365-381.

de Zulueta, F. (1996). Theories of aggression and violence. In C. Cordess & M. Cox (Hrsg.), *Forensic Psychotherapy: Crime, psychodynamics and the offender patient* (1. Aufl.) , Mainly Theory, (S. 175-186). London: Jessica Kingsley.

DeHass, M., Bakermans-Kranenburg, M., & van IJzendoorn, M. H. (1994). The Adult Attachment Interview and questionnaires for attachment style, temperament, and memories of parental behaviour. *Journal of Genetic Psychology, 155,* 471-486.

Diamond, D., & Blatt, S. J. (1994). Internal working models and the representational world in attachment and psychoanalytic theories. In M. B. Sperling & W. H. Berman (Hrsg.), *Attachment in adults: Clinical and developmental perspectives* (S. 72-97). New York: Guilford.

Dignam, J., & Fagan, T. J. (1996). Workplace violence in correctional settings: A comprehensive approach to critical incident stress management. In G. R. VandenBos & E. Q. Bulatao (Hrsg.), *Violence on the job: Identifying risks and developing solutions* (S. 367-384). Washington, DC, USA: American Psychological Association.

Dollard, J., Doob, L., Miller, N., Mowrer, O., & Sears, R. (1939). *Frustration and Aggression.* New Haven, Connecticut: Yale University Press.

Dozier, M. (1990). Attachment organization and treatment use for adults with serious psychopathological disorders. *Development and Psychopathology, 2,* 47-60.

Dozier, M., Chase Stovall, K., & Albus, K. E. (1999). Attachment and psychopathology in adulthood. In J. Cassidy & P. R. Shaver (Hrsg.), *Handbook of Attachment: Theory, Research, and Clinical Applications* (S. 497-519). New York: Guilford.

Dozier, M., & Kobak, R. (1992). Psychophysiology in adolescent attachment interviews: Converging evidence for deactivating strategies. *Child Development, 63*, 1473-1480.

Egle, U., Hoffmann, S., & Steffens, M. (1997). Pathogene und protektive Entwicklungsfaktoren in Kindheit und Jugend. In U. Egle, S. Hoffmann, & P. Joraschky (Hrsg.), *Sexueller Mißbrauch, Mißhandlung, Vernachlässigung* (S. 3-21). Stuttgart: Schattauer.

Eher, R., Fruehwald, S., Frottier, P., Aigner, M., Gruenhut, C., Gutierrez, K., & Dwyer, M. (1997, 25-29 Juni). *Interpersonal problems of sex offenders - Implications for treatment programs and risk assessment*. Vortrag anläßlich der "Proceedings of the XIIIth World Congress of Sexology", Valencia, Spanien.

Ekman, P. (1972). *Emotions in the human face*. New York: Pergamon Press.

Ekman, P. (1980). *The face of man*. New York: Garland.

Ekman, P. (1992). Are there basic emotions? *Psychological Review, 99*, 550-553.

Eysenck, H.-J. (1977). *Crime and personality*. (2. Aufl.). London: Routledge.

Eysenck, H. J. (1980). Psychopathie. In U. Baumann, H. Berbalk, & G. Seidenstücker (Hrsg.), *Klinische Psychologie - Trends in Forschung und Praxis* (Bd. 3, S. 323-360). Bern: Huber.

Eysenck, H. J., & Gudjonsson, G. (1989). *The causes and cures of criminality*. New York: Plenum.

Farrington, D. (1991). Childhood aggression and adult violence. In D. Pepler & D. Farrington (Hrsg.), *The development and treatment of childhood aggression* (S. 20). Hillsdale, NJ: Erlbaum.

Feeney, J., & Noller, P. (1990). Attachment style as a predictor of adult romantic relationships. *Journal of Personality and Social Psychology, 58*, 281-291.

Finn, P. (1998). Correctional officer stress: A cause for concern and additional help. *Federal Probation, 62*, 65-74.

Fonagy, P. (1996). The significance of the development of metacognitive control over mental representations in parenting and infant development. *Journal of Clinical Psychoanalysis, 5*, 67-86.

Fonagy, P. (1998). An attachment theory approach to treatment of the difficult patient. *Bulletin of the Menninger Clinic, 62*, 147-169.

Fonagy, P. (1999). Psychoanalytic theory from the viewpoint of attachment theory and research. In J. Cassidy & P. R. Shaver (Hrsg.), *Handbook of Attachment: Theory, research, and clinical applications* (S. 595-624). New York: Guilford.

Fonagy, P., Leigh, T., Steele, H., Steele, M., Kennedy, R., Mattoon, G., Target, M., & Gerber, A. (1996). The relation of attachment status, psychiatric classification, and response to psychotherapy. *Journal of Consulting and Clinical Psychology, 64*, 22-31.

Fonagy, P., Moran, G., & Target, M. (1993). Aggression and the psychological self. *International Journal of Psychoanalysis, 74*, 471.

Fonagy, P., Steele, H., Steele, M., Mattoon, G., & Target, M. (1995). Attachment, the reflective self, and borderline states. The predictive specifity of the Adult Attachment Interview and pathological emotional development. In S. Goldberg, R. Muir, & J. Kerr (Hrsg.), *Attachment theory: Social, developmental, and clinical perspectives* (S. 233-278). New York: The Analytic Press.

Fonagy, P., & Tallandini, M. (1993). On some problems of psychoanalytic research in practice. *Bulletin of the Anna Freud Centre, 16*, 5-22.

Fonagy, P., & Target, M. (1995). Understanding the violent patient: The use of the body and the role of the father. *International Journal of Psychoanalysis, 76*, 487-502.

Fonagy, P., & Target, M. (1996). Personality and sexual development, psychopathology and offending: Crime, psychodynamics and the offender patient. In C. Cordess & M. Cox (Hrsg.), *Forensic Psychotherapy* (Mainly Theory, S. 117-151). London: Jessica Kingsley.

Fowles, D. (1993). Electrodermal activity and antisocial behavior. In J. Roy, W. Boucsein, D. Fowles, & J. Gruzelier (Hrsg.), *Electrodermal activity: From physiology to psychology* (S. 223-238). New York: Plenum.

Fox, N. A., & Card, J. A. (1999). Psychophysiological measures in the study of attachment. In J. Cassidy & P. R. Shaver (Hrsg.), *Handbook of Attachment: Theory, research, and Clinical Applications* (S. 226-245). New York: Guilford.

Frank, R. (1988). *Passions within reason: The strategic role of the emotions*. New York: Norton.

Fremmer-Bombik, E. (1995). Innere Arbeitsmodelle von Bindung. In G. Spangler & P. Zimmermann (Hrsg.), *Die Bindungstheorie. Grundlagen, Forschung und Anwendung* (S. 109-119). Stuttgart: Klett-Cotta.

Fremmer-Bombik, E., Rudolph, J., Veit, B., Schwarz, G., & Schwarzmeier, I. (1992). *Verkürzte Fassung der Regensburger Auswertungsmethode des Adult Attachment Interviews*. Regensburg: Lehrstuhl für Psychologie.

Galanter, M. (1979). The "Moonies": A psychological study of conversion and membership in a contemporary religious sect. *American Journal of Psychiatry, 136*, 165-170.

Gasper, H., Müller, J., & Valentin, F. (1990). *Lexikon der Sekten, Sondergruppen und Weltanschauungen*. Freiburg: Herder.

Geen, R. (1990). *Human aggression*. Milton Keynes, England: Open University Press.

Gendreau, P., Little, T., & Goggin, C. (1996). A meta-analysis of the predictors of adult offender recidivism. *Criminology, 34*, 575-607.

George, C., Kaplan, N., & Main, M. (1985). The Adult Attachment Interview, *Unveröffentlichtes Manuskript*. University of California, Berkeley.

George, C., & Main, M. (1979). Social interactions of young abused youth: Approach, avoidance, and aggression. *Child Development, 50*, 306-318.

Gilbert, M. J. (1997). The illusion of structure: A critique of the classical model of organization and the discretionary power of correctional officers. *Criminal Justice Review, 22*, 49-64.

Glück, I., Weiss, R., & Parkes, C. (1974). *The first year of bereavement*. New York: Wiley-Interscience.

Goldsmith, H., & Gottesman, I. (1998). *Heritable variability and variable heritability in developmental psychopathology*. Oxford: Oxford University Press.

Gorsuch, R. (1968). The conceptualization of God as seen in adjective ratings. *Journal for the Scientific Study of Religion, 7*, 56-64.

Gottesman, I., & Goldsmith, H. (1994). Developmental psychopathology of antisocial behavior: Inserting genes into its ontogenesis and epigenesis. In C. Nelson (Hg.), *Threats to optimal development: Integrating biological, psychological and socilal risk factors* (S. 69-104). Hillsdale, New York: Erlbaum.

Goyer, P., Andreason, P., Clayton, A., King, A., Compton-Toth, B., Schulz, S., & Cohen, R. (1994). Positron emission tomography and personality disorders. *Neuropsychopharmacology, 10,* 21-28.

Graham, J. (1988). *Schools, disruptive behaviour and delinquency.* (Bd. 96). London: HMSO.

Greenberg, M., & Speltz, M. (1988a). Attachment and the ontogeny of conduct problems. In J. Belsky & T. Nezworski (Hrsg.), *Clinical implications of attachment* (S. 177-218). Hillsdale, New Jersey: Erlbaum.

Greenberg, M., & Speltz, M. (1988b). Contributions of attachment theory to the understanding of conduct problems during the preschool years. In J. Belsky & T. Nezworski (Hrsg.), *Clinical applications of attachment* (S. 177-218). Hillsdale, New York: Erlbaum.

Gretenkord, L. (1994). Gewalttaten nach Maßregelvollzug (§ 63 StGB). In M. Steller, K.-P. Dahle, & M. Basque (Hrsg.), *Straftäterbehandlung. Argumente für eine Revitalisierung in Forschung und Praxis* (S. 75-89). Pfaffenweiler: Centaurus Gesellschaft.

Griffiths, P. E. (1997). *What emotions really are.* Chicago: University of Chicago Press.

Grossmann, K. E., & Grossmann, K. (1994). Bindungstheoretische Grundlagen psychologisch sicherer und unsicherer Entwicklung. *GWG-Zeitschrift, 96,* 26-41.

Grossmann, K. E., Grossmann, K., & Zimmermann, P. (1999). A wider view of attachment and exploration. In J. Cassidy & P. R. Shaver (Hrsg.), *Handbook of Attachment: Theory, Research, and Clinical Applications* (S. 760-786). New York: Guilford.

Gunn, J., Maden, A., & Swinton, M. (1991). *The number of psychiatric cases amongst sentenced prisoners.* London: Home Office.

Gurevich, L. A. (1996). *Insecure attachment and deviant social information processing as mechanisms associated with violent behaviour in adolescent offenders.* Unveröffentlichte Dissertation, University of Virginia: Charlottesville, VA.

Haney, C., Banks, C., & Zimbardo, P. (1973). Interpersonal dynamics in a simulated prison. *Journal of Criminology and Penology, 1*, 69-97.

Hardy, G., & Barkham, M. (1994). The relationship between interpersonal attachment styles and work difficulties. *Human Religion, 47*, 263-281.

Hare, R. (1991). *Manual for the Hare Psychopathy Checklist - Revised.* Toronto: Multi-Health Systems.

Hare, R., & Cox, D. (1987). Clinical and empirical conceptions of psychopathy, and the selection of subjects for research. In R. Hare & D. Schalling (Hrsg.), *Psychopathic Behaviour: Approaches to research* (S. 1-21). Toronto: Wiley.

Harris, G., Rice, M., & Quinsey, V. (1993). Violent recidivism of mentally disordered offenders: The development of a statistical prediction instrument. *Criminal Justice and Behavior, 20*, 315-335.

Harris, T., & Bifulco, A. (1991). Loss of parent in childhood, attachment style, and depression in adulthood. In C. Parkes, J. Stevenson-Hinde, & P. Marris (Hrsg.), *Attachment across the life cycle* (S. 234-267). London: Routledge.

Hassemer, W. (1993). Schuld und Verantwortung. In G. Kaiser, H. J. Kerner, F. Sack, & H. Schelhoss (Hrsg.), *Kleines Kriminologisches Wörterbuch* (3. Aufl., S. 450-454). Heidelberg: CF Müller.

Haun, H. (1977). Perception of the bereaved, clergy, and funeral directors concerning bereavement. *Dissertation Abstracts International, 37*, 6791A.

Hazan, C., & Shaver, P. (1987). Romantic love conceptionalized as an attachment process. *Journal of Personality & Social Psychology, 52*, 511-524.

Hazan, C., & Shaver, P. R. (1990). Love and work: An attachment-theoretical perspective. *Journal of Personality and Social Psychology, 59*, 270-280.

Herpertz, S., & Saß, H. (1997). Psychopathy and antisocial syndromes. *Current Opinion in Psychiatry, 10*, 436-440.

Hinshelwood, R. (1996). Changing prisons: The unconscious dimension. In C. Cordess & M. Cox (Hrsg.), *Forensic Psychotherapy: Crime, psychodynamics and the offender patient.* (1 Aufl., Bd. 2: Mainly Practice, S. 465-474). London: Jessica Kingsley.

Hodgins, S. (1990). Prevalence of mental disorders among penitentiary inmates in Quebec. *Canada's Mental Health, 37,* 1-4.

Hodgins, S. (1992). Mental disorder, intellectual deficiency, and crime: Evidence from a birth cohort. *Archives of General Psychiatry, 49,* 476-483.

Hodgins, S. (1994). Status at age 30 of children with conduct problems. *Studies on crime and crime prevention, 3,* 41-61.

Hollander, E., & Stein, D. (1995). *Impulsivity and aggression.* Toronto: Wiley.

Hollenweger, W. (1971). *Die Pfingstkirchen.* Stuttgart: Klett-Cotta.

Holmes, J. (1993a). Attachment theory: A biological basis for psychotherapy? *British Journal of Psychiatry, 163,* 430-438.

Holzworth-Munroe, A., Stuart, G., & Hutchinson, G. (1997). Violent vs. nonviolent husbands: Differences in attachment patterns, dependency, and jealousy. *Journal of Family Psychology, 11,* 314-331.

Horowitz, M. J. (1991). Person Schemas. In M. Horowitz (Hg.), *Person schemas and maladaptive interpersonal patterns* (S. 13-31). Chicago: The University of Chicago Press.

Horowitz, L.M. , Strauß, B., Kordy, H. (1994). Manual zum Inventar zur Erfassung interpersonaler Probleme (IIP-D). Weinheim: Beltz-Test-Gesellschaft.

Isabella, R., & Belsky, J. (1991). Interactional syncrony and the origins of infant-mother attachment: A replication study. *Child Development, 62,* 373-384.

Jacobson, E. (1964). *The self and the object world.* New York: International University Press.

Jamieson, S. (1997). *The attachment styles of men who sexually molest children. Test of a theoretical framework.* Unveröffentlichte Dissertation, Queens University: Kingston, ON.

Johnson, A., & Szurek, S. (1969). The genesis of antisocial acting out in children and adults. In A. M. Johnson & D. Robinson (Hrsg.), *Experience, affect and behavior. Psychoanalytic explorations of Dr. A McFayden Johnson* (S. 145-154). Chicago: University of Chicago Press.

Jolley, J. (1983). *Self-regarding attitudes and conceptions of deity: A comparative study.* Vortrag bei der "Rocky Mountain Psychological Association", Snowbird, USA.

Jonathan Polan, H., & Hofer, M. A. (1999). Psychobiological origins of infant attachment and separation responses. In J. Cassidy & P. R. Shaver (Hrsg.), *Handbook of Attachment: Theory, research, and clinical applications* (S. 162-180). New York: Guilford.

Kächele, H., & Kordy, H. (1996). Indikation als Entscheidungsprozeß. In T. v. Uexküll (Hg.), *Psychosomatische Medizin* (5. Aufl., S. 352-362). München: Urban & Schwarzenberg.

Kaplan, H. (1980). *Deviant behaviour in defense of self.* New York: Pergamon Press.

Kempe, C., Silverman, F., Steele, B., Droegemueller, W., & Silver, H. (1962). The battered child syndrome. *Journal of the American Medical Association, 181,* 17-24.

Kernberg, O. F. (1975). *Borderline conditions and pathological narcissism.* New York: Aronson.

Kernberg, O. F. (1997). *Wut und Hass. Über die Bedeutung von Aggression bei Persönlichkeitsstörungen und sexuellen Perversionen.* Stuttgart: Klett-Cotta.

Kesner, J. E. (1994). *The role of attachment-related factors in understanding male physical violence toward a female intimate.* Unveröffentlichte Dissertation, Ohio State University: Columbus, OH.

Kirkpatrick, L. A. (1997). An attachment-theory approach to the psychology of religion. In B. Spilka & D. N. McIntosh (Hrsg.), *The Psychology of Religion.* (S.153-170). Boulder, Colorado: Westview Press.

Kirkpatrick, L. A. (1998b). God as a substitute attachment figure: A longitudinal study of adult attachment style and religious change in college students. *Personality and Social Psychology Bulletin, 24,* 961-973.

Kirkpatrick, L. A. (1999). Attachment and religious representations and behavior. In J. Cassidy & P. R. Shaver (Hrsg.), *Handbook of Attachment: Theory, Research, and Clinical Applications* (S. 803-822). New York: Guilford.

Kirkpatrick, L. A., & Shaver, P. R. (1992). An attachment-theoretical approach to romantic love and religious belief. *Personality and Social Psychology Bulletin, 18,* 266-275.

Klassen, D., & O'Connor, W. (1994). Demographic and case history variables in risk assessment. In H. Monahan & H. Steadman (Hrsg.), *Violence and mental disorder: Developments in risk assessment* (S. 229-258). Chicago: University of Chicago Press.

Kline, P. (1987). Psychoanalysis and crime. In B. McGurk, D. Thornton, & M. Williams (Hrsg.), *Applying psychology to imprisonment: Theory and practice* London: HMSO.

Knapp, P. (1991). Self-other-schemas. Core organizers of human experience. In M. Horowitz (Hg.), *Person schemas and maladaptive interpersonal patterns* (S. 81-102). Chicago: The University of Chicago Press.

Kobak, R., & Cole, H. (1994). Attachment and meta-monitoring. Implications for adolescent autonomy and psychopathology. In D. Cicchetti & S. Toth (Hrsg.), *Disorders and dysfunctions of the self*. Rochester: University of Rochester Press.

Kobak, R., Cole, H., Ferrez-Gilles, R., Fleming, W., & Gamble, W. (1993). Attachment and emotion regulation during mother-teen-problem solving: A control theory analysis. *Child Development, 64*, 231-245.

Kohlberg, L. (1981). *Essays on moral development*. (1. Aufl.). San Francisco: Harper & Row.

Kohlberg, L. (1984). *Essays on moral development*. (2. Aufl.). San Francisco: Harper & Row.

Köhler, L. (1995). Bindungsforschung und Bindungstheorie aus der Sicht der Psychoanalyse. In G. Spangler & P. Zimmermann (Hrsg.), *Die Bindungstheorie: Grundlagen, Forschung und Anwendung* (S. 67-85). Stuttgart: Klett-Cotta.

Köhler, L. (1998). Anwendung der Bindungstheorie in der psychoanalytischen Praxis. Einschränkende Vorbehalte, Nutzen, Fallbeispiele. *Psyche, 52*, 369-397.

Krampen, G. (1991). Fragebogen zu Kompetenz- und Kontrollüberzeugungen. Hogrefe: Göttingen.

Kriminalstatistik. (1998). *Polizeiliche Kriminalstatistik Bundesrepublik Deutschland. Berichtsjahr 1998*. Wiesbaden: Bundeskriminalamt.

Kröber, H. L., Scheurer, H., & Saß, F. (1993). Ursachen der Rückfälligkeit von Gewaltstraftätern. *Monatsschrift für Kriminologie, 4*, 227-241.

Kropp, P. R., Cox, D. N., Roesch, R., & Eaves, D. (1989). The perceptions of correctional officers toward mentally disordered offenders. *International Journal of Law & Psychiatry, 12*, 181-188.

Leary, T. (1957). *Interpersonal diagnosis of personality.* Chicago: Ronald Press Company.

Leferenz, H. (1972). Die Kriminalprognose. In H. Göppinger & H. Witter (Hrsg.), *Handbuch der Forensischen Psychiatrie* (S. 1347-1384). Berlin: Springer.

Lehmann, E. (1994). Psychotherapeutische Ergebnisse bei Sexualstraftätern. Eine methodenkritische Bestandsaufnahme. In M. Steller, K.-P. Dahle, & M. Basque (Hrsg.), *Straftäterbehandlung. Argumente für eine Revitalisierung in Forschung und Praxis* (S. 66-74). Pfaffenweiler: Centaurus Gesellschaft.

Lehrl, S. (1995). Mehrfachwahl-Wortschatz-Intelligenztest (MWT-B). Perimed-spitta: Balingen.

Leky, L. G. (1974). *Persönlichkeitszüge der Aufsichtsbeamten im Justizvollzug.* Unveröffentlichte Dissertation, Bonn.

Levinson, A., & Fonagy, P. (1998). Criminality and attachment. The relationship between interpersonal awareness and offending in a prison population. *Publikation in Vorbereitung.*

Lewis, M., & Feiring, C. (1991). Attachment as personal characteristic or a measure of the environment. In J. Gerwitz & W. Kurtines (Hrsg.), *Intersections with attachment* (S. 3-19). Hillsdale, New Jersey: Erlbaum.

Leygraf, N. (1988). *Psychisch kranke Rechtsbrecher.* Berlin: Springer.

Leygraf, N., & Nowara, S. (1992). Prognosegutachten: Klinisch-psychiatrische und psychologische Beurteilungsmöglichkeiten der Kriminalprognose. *Forensia Jahrbuch, 3*, 43-53.

Lieberman, A. F., & Zeanah, C. (1999). Contributions of attachment theory to infant-parent psychotherapy and other interventions with infants and young children. In J. Cassidy & P. R. Shaver (Hrsg.), *Handbook of Attachment: Theory, Research, and Clinical Applications* (S. 555-574). New York: Guilford.

Liotti, G. (1991). Insecure attachment and agoraphobia. In C. Parkes, J. Stevenson-Hinde, & P. Marris (Hrsg.), *Attachment across the life cycle* (S. 216-233). London: Routledge.

Livesley, W., Schroeder, M., & Jackson, D. (1990). Dependent personality disorder and attachment problems. *Journal of Personality Disorders, 4,* 131-140.

Lobo, A. (1997). *Entwicklung und Erprobung eines Verfahrens zur Erfassung von Erwachsenen-bindungsprototypen.* Unveröffentlichte Diplomarbeit, Universität Bielefeld.

Loeber, R., & Stouthamer-Loeber, M. (1986). Familiy factors as correlates and predictors of juvenile conduct problems and delinquency. In M. Tonry & N. Morris (Hrsg.), *Crime and justice: An annual review of research* (Bd. 8, S. 29-149). Chicago: University of Chicago Press.

Lösel, F. (1995). The efficacy of correctional treatment: A review and synthesis of meta-evaluations. In J. McGuire (Hg.), *What works: Reducing reoffending-Guidelines from research and practice* (S. 79-111). New York: John Wiley and Sons.

Lösel, F., & Bender, D. (1997). Heart rate and psychosocial correlates of antisocial behavior in high risk adolescents. In A. Raine, P. A. Brennan, D. P. Farrington, & S. A. Mednick (Hrsg.), *Biosocial Bases of Violence* (S. 321-324). New York: Plenum.

Lösel, F., Bliesener, T., & Molitor, A. (1988). Social psychology in the criminal justice system: A study on role perceptions and stereotypes of prison personnel. In P. J. van Koppen & D. J. Hessing (Hrsg.), *Lawyers on psychology and psychologists on law. Series on law and psychology* (Bd. 1, S. 167-184). Lisse, Netherlands: Swets & Zeitlinger.

Lösel, F., Köferl, P., & Weber, F. (1987). *Meta-Evaluation der Sozialtherapie.* Stuttgart: Kohlhammer.

Lösel, F., Selg, H., Schneider, U., & Müller-Luckmann, E. (1990). Ursachen, Prävention und Kontrolle von Gewalt aus psychologischer Sicht. Gutachten der Unterkommission I. In H. Schwind (Hg.), *Ursachen, Prävention und Kontrolle von Gewalt* (Vol. II, Erstgutachten der Unterkommissionen, S. 1-156). Berlin: Duncker und Humblot.

Lyons-Ruth, K. (1996). Attachment Relationships among children with aggressive behaviour problems: The role of disorganized early attachment patterns. *Journal of Consulting and Clinical Psychology, 64,* 64-73.

Lyons-Ruth, K., & Jacobvitz, D. (1999). Attachment disorganization: Unresolved loss, relational violence, and lapses in behavioral and attentional strategies. In J. Cassidy & P. R. Shaver (Hrsg.), *Handbook of Attachment: Theory, Research, and Clinical Applications* (S. 520-554). New York: Guilford.

Mace, C., & Margison, F. (1997). Attachment and psychotherapy: An overview. *British Journal of Medical Psychology, 70*, 209-215.

Mahler, M., Pine, F., & Bergmann, A. (1975). *The psychological birth of the human infant.* New York: Basic Books.

Main, M. (1977). Analysis of apeculiar form of reunion behaviour seen in some day care children: its history and sequelae in children who are home reared. In M. Main (Hg.), *Social development in childhood: daycare programs and research.* Baltimore: John Hopkins University Press.

Main, M. (1991). Metacognitive knowledge, metacognitive monitoring, and singular (coherent) vs. multiple (incoherent) model of attachment: Findings and directions for future research. In C. M. Parkes, J. Stevenson-Hinde, & P. Marris (Hrsg.), *Attachment across the life cycle.* (S. 127-159). London: Routledge.

Main, M., & Goldwyn, R. (1985). *Adult attachment classification and rating system. Unpublished manuscript.* Unveröffentlichtes Manuskript, University of California, Berkeley.

Main, M., Kaplan, N., & Cassidy, J. (1985). Security in infancy, childhood, and adulthood: A move to the level of representation. In I. Bretherton & E. Waters (Hrsg.), *Growing points in attachment theory and research.* (S. 66-106).

Marrone, M. (1998). *Attachment and Interaction.* London: Jessica Kingsley.

Marshall, R. (1983). A psychoanalytic perspective on the diagnosis and development of juvenile delinquency. In W. Laufer & J. Day (Hrsg.), *Personality theory, moral development, and criminal behaviour.* Lexington: Heath.

Mawhorr, T. L. (1992). *Unraveling the attachment-delinquency link.* Unveröffentlichte Dissertation, Bowling Green State University. Bowling Green, OH.

McCord, J. (1979). Some childrearing antecedents of criminal behavior in adult men. *Journal of Personality and Social Psychology, 37*, 1477-1486.

McMahon, R., & Forehand, R. (1988). Conduct disorders. In E. Mesh & L. Terdal (Hrsg.), *Behavioural assessment of childhood disorders* (S. 105-153). New York: Guilford Press.

Megargee, E. (1966). Undercontrolled and overcontrolled personality types in extreme antisocial personalities. *Psychological Monographs, 80,* 1-29.

Meloy, J. R. (1988a). *The psychopathic mind: Origins, dynamics, and treatment.* Northvale: Jason Aronson.

Meloy, J. R. (1988b). Violent homocidal behaviour in primitive mental states. *Journal of the American Academy of Psychoanalysis, 16,* 381-391.

Menzies, R., & Webster, C. (1995). The construction and validation of risk assessments in a sixyear follow-up of forensic patients: A tridimensional analysis. *Journal of Consulting and Clinical Psychology, 63,* 166-178.

Menzies, R., Webster, C., & Hart, S. (1995). *Observations on the rise of risk in psychology and law.* Vortrag anläßlich der "Proceedings of the Fifth Symposium on Violence and Aggression", Saskatoon.

Mickelson, K. D., Kessler, R. C., & Shaver, P. R. (1997). Adult attachment in a nationally representative sample. *Journal of Personality and Social Psychology, 73,* 1092-1106.

Milgram, S. (1974). *Das Milgram-Experiment. Zur Gehorsamsbereitschaft gegenüber Autorität.* Reinbek: Rohwolt.

Mischel, W. (1973). Toward a cognitive social learning reconceptualisation of personality. *Psychological Review, 80,* 253-283.

Modestin, J. (1998). Criminal and violent behavior in schizophrenic patients: An overview. *Psychiatry and Clinical Neurosciences, 52,* 547-554.

Monahan, J. (1981). *The clinical prediction of violent behaviour.* Rockville: National Institute of Mental Health.

Monahan, J. (1996). Violence prediction: The past twenty years and the next twenty years. *Criminal Justice and Behavior, 23,* 107-120.

Monahan, J. (1997). Clinical and actuarial predictions of violence. In D. Faigman, D. Kaye, M. Saks, & J. Sanders (Hrsg.), *Modern scientific evidence: The law and science of expert testimony* (S. 300-318). St. Paul: West Publishing Company.

Monahan, J., & Steadman, H. J. (1994). *Violence and mental disorder.* Chicago: University of Chicago Press.

Mosheim, R., Zachhuber, U., Scharf, L., Hofmann, A., Kemmler, G., Kinzl, J., Biebl, W., & Richter, R. (Publikation in Vorbereitung.). Bindungsqualität und interpersonale Probleme als Evaluationskriterien in der Psychotherapieforschung.

Myers, R., Boughner, S., & Wallbrown, F. (1992). Personality profiles for administrators and staff in a private correctional facility. *Psychological Reports, 70,* 195-198.

Nedopil, N. (1988). Die Begutachtung zum Maßregelvollzug - welche Rolle spielen Prognosekriterien? In W. Weig & F. Böcker (Hrsg.), *Aktuelle Kernfragen in der Psychiatrie* (S. 464-472). Berlin: Springer.

Nedopil, N. (1992). Die Bewährung von Prognosekriterien im Maßregelvollzug. *Forensia Jahrbuch, 3,* 55-63.

Nedopil, N. (1997). Die Bedeutung von Persönlichkeitsstörungen für die Prognose künftiger Delinquenz. *Monatsschrift für Kriminologie und Strafrechtsreform, 80,* 79-92.

Nedopil, N. (1998). Möglichkeiten und Grenzen bei Entlassungsprognosen von Rechtsbrechern. In H. Duncker, B. Dimmek, & U. Kobbe (Hrsg.), *Werkstattschriften: Forensische Psychiatrie und Psychotherapie* (Bd. 5, S. 7-22). Lengerich: Pabst Science.

Novaco, R. (1994). Anger as a risk factor for violence among the mentally disordered. In J. Monahan & H. J. Steadman (Hrsg.), *Violence and mental disorder* (S. 21-59). Chicago: University of Chicago Press.

Nowara, S. (1995). *Gefährlichkeitsprognosen bei psychisch kranken Straftätern. Untersuchung zur Qualität der Gutachten gemäß § 14 Abs. 3 MRVG NW.* München: Fink.

O'Brien, M. (1982). Religious faith and adjustment to long-term hemodialysis. *Journal of Religion and Health, 21,* 68-70.

Olweus, D. (1984). Development of stable aggressive reaction patterns in males. In R. Blanchard & D. Blanchard (Hrsg.), *Advances in the study of aggression* (S. 103-137). New York: Academic Press.

Otto, R. (1992). Prediction of dangerous behavior: A review and analysis of second generation research. *Forensic Reports, 5,* 103-133.

Otto, R. (1994). On the ability of mental health professionals to "Predict dangerousness": A commentary and interpretation of the "dangerousness" literature. *Law and Psychology Review, 18,* 43-68.

Parkes, C. (1972). *Bereavement: Studies of grief in adult life.* New York: International Universities Press.

Patrick, M., Hobson, R., Castle, D., Howard, R., & Maughan, B. (1994). Personality disorder and the mental representation of early social experience. *Developmental Psychopathology, 6,* 375-388.

Patterson, G., & Stouthamer-Loeber, M. (1984). The correlation of family management practices and delinquency. *Child Development, 55,* 1299-1307.

Pecher, W. (1989). Das Gefängnis als Vaterersatz: *Die Suche nach dem Vater als unbewußtes Motiv für Straffälligkeit.* Frankfurt: R.G. Fischer.

Pecher, W. (1999). Persönliche Mitteilung.

Pettit, G., & Bates, J. (1989). Family interaction patterns and children's behaviour problems from infancy to 4 years. *Developmental Psychology, 25,* 413-420.

Pfäfflin, F., & Kächele, H. (1996). Was ist forensische Psychotherapie? *Psychotherapie, Psychosomatik, Medizinische Psychologie, 46,* 153-155.

Pfäfflin, F., & Mergenthaler, E. (1998). Was passiert in Psychotherapien? Zur Definition, Operationalisierung und Messung von Einsicht. *Werkstattschriften Forensische Psychiatrie und Psychotherapie, 5,* 21-39.

Pfäfflin, F., Roß, T., Sammet, N., & Weber, M. (1998). Psychotherapie mit Straftätern. In H. L. Kröber & K. P. Dahle (Hrsg.), *Sexualstraftaten und Gewaltdelinquenz* (S. 153-168). Heidelberg: Kriminalistik.

Piaget, J. (1954). *Das moralische Urteil beim Kinde.* Zürich: Rascher.

Pilkonis, P., Heape, C., Proietti, J., Clark, S., McDavid, J., & Pitts, T. (1995). The reliability and validity of two structured diagnostic interviews for personality disorders. *Archives of General Psychiatry, 52,* 1025-1033.

Pilkonis, P. A. (1988). Personality prototypes among depressives: Themes of dependency and autonomy. *Journal of Personality Disorders, 2,* 144-152.

Pilkonis, P. A., Heape, C. L., Ruddy, J., & Serrao, P. (1991). Validity in the diagnosis of personality disorders: The use of the LEAD standard. *Journal of Consulting and Clinical Psychology, 3,* 46-54.

Pistole, C. M., & Tarrant, N. (1993). Attachment style and aggression in male batterers. *Family Therapy, 20,* 165-173.

Plutchik, R., & Van Praag, H. M. (1997). Suicide, Impulsivity, and Antisocial Behavior. In D. M. Stoff, J. Breiling, & J. D. Maser (Hrsg.), *Handbook of Antisocial Behavior* (S. 101-108). New York: Wiley.

Quinsey, V. (1995). The prediction and explanation of criminal violence. *International Journal of Law and Psychiatry, 18,* 117-127.

Raine, A. (1993). *The psychopathology of crime.* New York: Academic Press.

Raine, A. (1996). Autonomic nervous system factors underlying disinhibited, antisocial, and violent behavior. In C. F. Ferris & T. Grisso (Hrsg.), *Understanding aggressive behavior in children* (S. 46-59). New York: New York Academy of Sciences.

Raine, A., Brennan, P. A., Farrington, D. P., & Mednick, S. A. (Hrsg.), (1997). *Biosocial bases of violence.* New York: Plenum.

Rauchfleisch, U. (1992). *Allgegenwart von Gewalt.* Göttingen: Vandenhoeck und Ruprecht.

Redl, F., & Wineman, D. (1979). *Children who hate.* München: Piper.

Reinke, E. (1997). *Psychotherapie und Soziotherapie mit Straftätern: Klinik und Forschung.* Gießen: Psychosozial.

Rice, M., & Harris, G. (1995). Violent recidivism: Assessing predictive validity. *Journal of Consulting and Clinical Psychology, 63,* 733-748.

Ritter, J. (Hg.). (1974). *Historisches Wörterbuch der Philosophie.* (Bd. 3). Basel: Schwabe & Co.

Rosenberg, F., & Rosenberg, M. (1978). Self-esteem and delinquency. *Journal of Youth and Adolescence, 7,* 279-291.

Rosenstein, D., & Horowitz, H. (1996). Adolescent attachment and psychopathology. *Journal of Clinical and Consulting Psychology, 64,* 244-253.

Rothbard, J. C., & Shaver, P. R. (1994). Continuity of attachment across the life span. In M. B. Sperling & W. H. Berman (Hrsg.), *Attachment in adults: Clinical and developmental perspectives* (S. 31-71). New York: Guilford.

Rotter, J. (1966). Generalized expectancies for internal versus external control of reinforcement. *Psychological Monographs, 80,* Nr. 609.

Rutter, M. (1981). *Maternal deprivation reassessed.* Middlesex, England: Penguin Books.

Rutter, M. (1985a). Family and school influences on behavioral development. *Journal of Child Psychology and Psychiatry, 26,* 349-368.

Safran, D. A., & Tartaglini, A. J. (1996). Workplace violence in an urban jail setting. In G. J. VandenBos & E. Q. Bulutao (Hrsg.), *Violence on the job: Identifying risks and developing solutions* (S. 207-216). Washington, DC, USA: American Psychological Association.

Salekin, R. T., Rogers, R., & Sewell, K. W. (1996). A review and meta-analysis of the psychopathy checklist and psychopathy checklist-revised: Predictive validity of dangerousness. *Clinical Psychology: Science and Practice, 3,* 203-215.

Sampson, R., & Laub, J. (1990). Crime and deviance over the life course: The salience of adult social bonds. *American Sociological Review, 55,* 609-627.

Saß, H. (1983). Affektdelikte. *Nervenarzt, 54,* 557-572.

Saß, H. (1985). Handelt es sich bei der Beurteilung von Affektdelikten um ein psychopathologisches Problem? *Fortschritte Neurologische Psychiatrie, 53,* 55-62.

Saß, H. (1998). Persönlichkeit, Dissozialität, Verantwortung. In R. Müller-Isberner & S. Gonzalez Cabeza (Hrsg.), *Forensische Psychiatrie. Schuldfähigkeit, Kriminaltherapie, Kriminalprognose* (9. Aufl., S. 1-14). Mönchengladbach: Forum- Godesberg.

Saunders, D. (1992). Woman battering. In R. Ammerman & M. Hersen (Hrsg.), *Assessment of family violence: A clinical and legal sourcebook* (S. 208-235). New York: Wiley.

Scheurer, H., & Kröber, H.-L. (1998). Einflüsse auf die Rückfälligkeit von Gewaltstraftätern. In H.-L. Kröber & H.-P. Dahle (Hrsg.), *Sexualstraftaten und Gewaltdelinquenz: Verlauf - Behandlung - Opferschutz* (S. 39-46). Heidelberg: Kriminalistik.

Schmidt, S., & Strauß, B. (1996). Die Bindungstheorie und ihre Relevanz für die Psychotherapie. *Psychotherapeut, 41,* 139-150.

Schorsch, E. (1988). Affekttaten und sexuelle Perversionstaten im strukturellen und psychodynamischen Vergleich. In F. Pfäfflin, H. Appelt, M. Krausz, & M. Mohr (Hrsg.), *Der Mensch in der Psychiatrie* (S. 344-358). Berlin: Springer

Serin, R., & Amos, N. (1995). The role of psychopathy in the assessment of dangerousness. *International Journal of Law and Psychiatry, 18,* 231-238.

Shah, S. A., & Roth, L. H. (1974). Biological and psychophysiological factors in criminality. In G. Glaser (Hg.), *Handbook of Criminology* (S. 101-175). Chicago: Rand MacNally.

Shaver, P. R., & Brennan, K. A. (1992). Attachment Styles and the "Big Five" personality traits: Their connections with each other and with romantic relationship outcomes. *Personality and Social Psychology Bulletin, 18,* 536-545.

Sherif, M. (1966). *The psychology of social norms.* New York: Harper & Row.

Slade, A. (1999). Attachment theory and research: Implications for the theory and practice of individual psychotherapy with adults. In J. Cassidy & P. R. Shaver (Hrsg.), *Handbook of Attachment: Theory, Research, and Clinical Applications* (S. 575-594). New York: Guilford.

Smith, C., & Thornberry, T. (1995). The relationship between childhood maltreatment and adolescent involvement in delinquency. *Criminology, 33,* 451-481.

Solomon, J., & George, C. (1999). The measurement of attachment security in infancy and childhood. In J. Cassidy & P. R. Shaver (Hrsg.), *Handbook of Attachment: Theory, Research, and Clinical Applications* (S. 287-316). New York: Guilford.

Spangler, G., & Schieche, M. (1994). Biobehavioral organization in one-year-olds: Quality of mother-infant attachment and immunological and adrenocortical regulation. *Psychologische Beiträge, 36*, 30-35.

Spangler, G., & Zimmermann, P. (1995). *Die Bindungstheorie: Grundlagen, Forschung und Anwendung*. Stuttgart: Klett-Cotta.

Spatz Widom, C. (1997). Child abuse, neglect, and witnessing violence. In D. M. Stoff, J. Breiling, & J. D. Maser (Hrsg.), *Handbook of Antisocial Behavior* (S. 159-170). New York: Wiley.

Speltz, M., Greenberg, M., & DeKlyen, M. (1990). Attachment in preschoolers with disruptive behavior: A comparison of clinic-referred and non-problem children. *Development and Psychopathology, 2*, 31-46.

Sperling, M., & Lyons, L. (1994). Representations of attachment and psychotherapeutic change. In M. Sperling & W. Berman (Hrsg.), *Attachment in adults: Clinical and developmental perspectives* (S. 331-349). New York: Guilford Press.

Spieker, S., & Booth, C. (1988). Maternal antecedents of attachment quality. In J. Belsky & T. Nezworski (Hrsg.), *Clinical implications of attachment theory* (S. 95-135). Hillsdale, New York: Erlbaum.

Spilka, B., Hood, R., & Gorsuch, R. (1985a). *The psychology of religion: An empirical approach*. Englewood Cliffs, New York: Prentice Hall.

Spilka, B., & McIntosh, D. N. (Hrsg.). (1997). *The psychology of religion: Theoretical approaches*. Boulder, Colorado, USA: Westview Press.

Spilka, B., Shaver, P., & Kirkpatrick, L. A. (1985b). A general attribution theory for the psychology of religion. *Journal for the Scientific Study of Religion, 24*, 1-20.

Sroufe, L. (1988). The role of infant-caregiver attachment in development. In J. Belsky & T. Nezworski (Hrsg.), *Clinical implications of attachment* (S. 18-38). Hillsdale, New Jersey: Erlbaum.

Stack, S. J., & Tsoudis, O. (1997). Suicide risk among correctional officers: A logistic regression analysis. *Archives of Suicide Research, 3*, 183-186.

Steadman, H., Mulvey, E., Monahan, J., Robbins, P., Appebaum, P., Grisso, T., Roth, L., & Silver, E. (1998). Violence by people discharged from acute psychiatric inpatient facilities and by others in the same neighborhoods. *Archives of General Psychiatry, 55*, 1-9.

Steinert, T. (1996). *Aggressives Verhalten bei Schizophrenen - Häufigkeit, Prädiktoren und Auswirkungen auf den Krankheitsverlauf.* Med. Habilitationsschrift, Universität Ulm. Ulm.

Steller, M., & Stürmer, M. (1986). Haftdauereinflüsse auf Kontrollüberzeugungen. *Zeitschrift für Differentielle und Diagnostische Psychologie, 7*, 233-242.

Stern, D. (1985). *The interpersonal world of the infant.* New York: Basic Books.

Strauß, B. (1999). Persönliche Mitteilung.

Strauß, B., & Lobo, A. (1997). Das Beziehungsprototypenverfahren zur Erfassung von Bindungsqualitäten im Erwachsenenalter nach Pilkonis. Unveröffentlichtes Manual.

Strauß, B., & Lobo-Drost, A. (1999). Das Erwachsenen-Bindungsprototypen-Rating (EBPR). Version 1.0. Unveröffentlichtes Manual.

Strauß, B., Lobo-Drost, A., & Pilkonis, P.A. (1999). Einschätzung von Bindungs-stilen bei Erwachsenen - erste Erfahrungen mit der deutschen Version einer Prototypenbeurteilung. *Zeitschrift für Klinische Psychologie, Psychiatrie und Psychotherapie, 47*, 347-364.

Strauß, B., & Schmidt, S. (1997). Die Bindungstheorie und ihre Relevanz für die Psychotherapie: Teil 2: Mögliche Implikationen der Bindungstheorie für die Psychotherapie und Psychosomatik. *Psychotherapeut, 42*, 1-16.

Sullivan, H. S. (1953). *The interpersonal theory of psychiatry.* New York: Norton.

Swanson, J. (1994). Mental disorder, substance abuse and community violence: An epidemiological approach. In J. Monahan & H. Steadman (Hrsg.), *Violence and mental disorder: Developments in risk assessment* . Chicago: University of Chicago Press.

Symonds, M. (1984). Discussion of "violence in the family as a disorder of the attachment and care-giving systems". *American Journal of Psychoanalysis, 44*, 29-31.

Tajfel, H., & Turner, J. (1986). The social identity theory of intergroup behaviour. In G. Austin & S. Worchel (Hrsg.), *The social psychology of intergroup relations* . Chicago: Nelson-Hall.

Tamayo, A., & Desjardins, L. (1976). Belief systems amd conceptual images of parents and God. *Journal of Psychology, 92,* 131-140.

Taylor, P. J. (1985). Motives for offending among violent and psychotic men. *British Journal of Psychiatry, 147,* 491-498.

Taylor, P. J. (1986). Psychiatric disorder in London´s life sentenced prisoners. *British Journal of Criminology, 26,* 63-78.

Tranel, D., & Damasio, H. (1994). Neuroanatomical correlates of electrodermal skin conductance responses. *Psychophysiology, 31,* (427-438).

Traue, H. (1998). *Emotion und Gesundheit.* Heidelberg: Spektrum.

Tyrell, C., & Dozier, M. (1997). *The role of attachment in therapeutic process and outcome for adults with serious psychiatric disorders.* Vortrag anläßlich des "biennial meeting of the Society for Research in Child Development". Washington, DC.

Ullmann, C. (1989). *The transformed self: The psychology of religious conversion.* New York: Plenum.

van IJzendoorn, M. H. (1995). Adult attachment representations, parental responsiveness, and infant attachment: A meta-analysis of the predictive validity of the Adult Attachment Interview. *Psychological Bulletin, 117,* 387-403.

van IJzendoorn, M. H., & Bakermans-Kranenburg, M. J. (1996). Attachment representations in mothers, fathers, adolescents, and clinical Groups: A meta-analytic search for normative data. *Journal of Consulting and Clinical Psychology, 64,* 8-21.

Van IJzendoorn, M. H., Feldbrugge, J. T., Derks, F. C., de Ruiter, C., Verhagen, M. F., Philipise, M. W., Van der Staak, C. P., & Riksen-Walraven, J. M. (1997). Attachment representations of personality disordered criminal offenders. *American Journal of Orthopsychiatry, 67,* 449-459.

Volckart, B. (1997a). *Praxis der Kriminalprognose. Methodologie und Rechtsanwendung.* München: Beck.

Wagner, G. (1985). *Das absurde System: Strafurteil und Strafvollzug in unserer Gesellschaft.* Heidelberg: C.F. Müller.

Ward, T., & Hudson, S. M. (1996). Attachment style in sex offenders: A preliminary study. *The Journal of Sex Research, 33*, 17-26.

Wartner, U., Grossmann, K., Fremmer-Bombik, E., & Suess, G. (1994). Attachment patterns at age six in South Germany: Predictability from infancy and implications for pre-school behaviour. *Child Development, 65*, 1014-1027.

Weber, F. (1995). Die Vorhersage von Gefährlichkeit bei § 63 StGB-Patienten. *Recht und Psychiatrie, 13*, 128-138.

Webster, C., & Jackson, M. (1997a). *Impulsivity: Theory, assessment, and treatment.* New York: Guilford.

Weekes, J. R., Pelletier, G., & Beaudette, D. (1995). Correctional officers: How do they perceive sex offenders. *International Journal of Offender Therapy & Comparative Criminology, 39*, 55-61.

Weiss, R. S. (1991). The attachment bond in childhood and adulthood. In C. M. Parkes, J. Stevenson-Hinde, & P. Marris (Hrsg.), *Attachment across the life cycle* (S. 66-76). London: Tavistock/Routledge.

West, D. (1982). *Delinquency: Its roots, careers and prospects.* Cambridge, Massachusetts: Harvard University Press.

West, M., Rose, M., & Sheldon-Keller, A. (1994). Assessment of insecure attachment in adults and application to dependent and schizoid personality disorders. *Journal of Personality Disorders, 8*, 249-256.

West, M., Sheldon, A., & Reiffer, L. (1987). An approach to the delineation of adult attachment: scale development and reliability. *The Journal of Nervous and Mental Disease, 175*, 738-741.

Williams, A. H. (1994). Notes on the interaction between prison staff and prisoners. *Free Associations, 4*, 519-52.

Wilson, J., & Herrnstein, R. J. (1986). *Crime and human nature.* New York: Simon & Schuster.

Winnicott, D. W. (1965). *The maturational processes and the facilitating environment.* New York: International University Press.

Wulff, D. M. (1997). *Psychology of religion: Classic and Contemporary*. (2. Aufl.). New York, NY, USA: Wiley.

Yarvis, R. (1990). Axis I and axix II diagnostic parameters of homicide. *Bulletin of the American Academy of Psychiatry and the Law, 18*, 249-269.

Young, G. H. (1990). *Spouse abuse and patterns of attachment*. Unveröffentlichte Dissertation, University of California, Berkeley.

7. Anhang

A. Weitere Tabellen

A1. Bindungsstil und interpersonale Probleme.. 150
A2. Bindungsstil und Kompetenz/Kontrollwahrnehmung............................ 151
A3. Bindungsstil und Selbstregulation... 152
A4. Bindungsstil und Persönlichkeitsstruktur.. 153

B. Information und Einverständniserklärungen

B1. Straftäter... 154
B2. Vergleichsgruppen... 158

C. Selbst entwickelte Fragebogen

C1. Straftäter... 161
C2. Vergleichsgruppen... 180

D. Kurzbeschreibung der Bindungsprototypen mit Beispielitems................ 193

Tab. A1: Mittelwerte (M), Standardabweichungen (S), IIP-D Skalen (Summenwerte), differenziert nach Bindungsstil (Kruskal-Wallis-H-Tests, Monte-Carlo-Testverfahren, basierend auf 10000 Stichprobentabellen)

	Bindungsstil								
	sicher (N=9)		unsicher-ambivalent (N=6)		unsicher-vermeidend (N=6)		unsicher-gemischt (N=8)		
Skalen-wert IIP-D	M	S	M	S	M	S	M	S	p
IIP-PA	6,22	5,04	10,17	5,98	10,83	5,34	10,50	4,87	.239
IIP-BC	9,11	4,01	11,00	3,10	13,67	5,16	10,88	4,26	.402
IIP-DE	9,56	6,04	8,67	5,75	13,67	6,47	13,75	5,82	.253
IIP-FG	9,11	5,51	10,33	5,75	12,50	5,43	12,38	8,53	.748
IIP-HI	10,00	4,69	12,33	7,81	11,50	5,79	10,63	3,89	.941
IIP-JK	11,22	4,82	12,67	6,50	12,67	5,85	10,88	5,00	.928
IIP-LM	11,00	6,12	12,33	6,25	12,83	5,95	12,13	5,17	.967
IIP-NO	7,78	4,92	9,17	4,36	11,00	7,95	11,25	7,40	.802
IIP-DO	-1,86	1,75	-1,25	3,31	-0,31	1,65	-0,28	2,26	.304
IIP-ZU	0,60	3,06	1,21	1,48	-0,78	5,15	-0,73	5,05	.851
IIP-D ges	9,25	4,31	10,83	5,18	12,33	4,61	11,55	3,79	.614

~:p≤.10   *: p≤.05   **: p≤.01   ***:p≤.001

PA zu autokratisch/dominant   HI zu selbstunsicher/unterwürfig
BC zu streitsüchtig/konkurrierend   JK zu ausnutzbar/nachgiebig
DE zu abweisend/ kalt   LM zu fürsorglich/ freundlich
FG zu introvertiert/sozial vermeidend NO zu expressiv/aufdringlich
IIP-D ges Gesamtwert

Tab. A2: Mittelwerte (M), Standardabweichungen (S), Summenwerte der Einzel-skalen des FKK, differenziert nach Bindungsstilen (Kruskal-Wallis-H-Tests, Mon-te-Carlo-Testverfahren, basierend auf 10000 Stichprobentabellen)

	Bindungsstil								
	sicher (N=9)		unsicher-ambivalent (N=6)		unsicher-vermeidend (N=6)		unsicher-gemischt (N=8)		
Skalen-wert	M	S	M	S	M	S	M	S	p
FKK-SK	27,11	4,11	28,83	3,49	30,50	3,73	31,00	3,46	.141
FKK-I	32,00	4,61	32,33	4,32	30,33	5,24	33,63	3,46	.667
FKK-P	21,11	3,98	23,50	7,71	24,50	7,79	23,38	7,03	.829
FKK-C	21,22	5,67	26,50	4,42	25,83	5,98	27,25	6,82	.186
SKI	59,11	7,93	61,17	6,01	60,83	7,08	64,63	2,45	.370
FKK-PC	42,33	6,76	50,00	10,73	50,33	12,70	50,63	8,60	.246
SKI-PC	16,78	8,29	11,17	13,17	10,50	9,83	14,00	9,43	.591

~:p≤.10   *: p≤.05   **: p≤.01   ***:p≤.001

FKK-SK	Selbstkonzept eigener Fähigkeiten
FKK-I	Internalität
FKK-P	Soziale Externalität
FKK-C	Fatalistische Externalität
FKK-SKI	Selbstwirksamkeit
FKK-PC	Externalität
FKK-SKI-PC	Internalität vs. Externalität

Tab. A3: Mittelwerte (M), Standardabweichungen (S), Summenwerte einzelner Skalen des Narzißmusinventars, differenziert nach Bindungsstilen (Kruskal-Wallis-H-Tests, Monte-Carlo-Testverfahren, basierend auf 10000 Stichprobentabellen)

	Bindungsstil								
	sicher (N=9)		unsicher-ambivalent (N=6)		unsicher-vermeidend (N=6)		unsicher-gemischt (N=8)		
Skalen-wert	M	S	M	S	M	S	M	S	p
AIV	17,56	7,54	23,00	9,01	19,00	7,35	29,00	10,31	.545
SOI	20,00	7,00	27,17	9,43	25,00	4,90	30,86	9,28	.753
GRS	24,56	5,50	27,17	5,15	27,33	7,66	33,75	9,08	.349
GLB	19,22	6,28	24,33	7,15	25,17	6,85	27,75	10,25	.281
NAW	19,67	7,05	23,00	7,87	24,33	5,47	28,00	8,65	.132
AUI	27,67	6,38	33,67	5,43	28,17	6,91	34,25	11,09	.250
OBA	27,33	6,30	31,33	8,36	27,67	4,80	36,88	7,62	.734
WEI	29,84	6,16	33,81	6,17	26,90	7,36	35,71	5,82	.651
NAK	14,00	6,71	19,00	10,41	15,00	6,66	17,25	6,14	.751
SIS	20,11	5,86	26,00	7,07	26,67	7,06	31,38	12,39	.285
D1	17,17	4,39	23,76	6,24	21,13	3,46	27,09	8,36	.318
D2	20,89	5,28	25,13	6,16	25,88	5,69	30,22	8,96	.254

~:p≤.10   *: p≤.05   **: p≤.01   ***:p≤.001

AIV Affekt/Impulskontrollverlust   OBA Objektabwertung
SOI Soziale Isolierung   WEI Werte-Ideal
GRS Größenselbst   NAK Narzißtischer Krankheitsgewinn
GLB Gier nach Lob u. Bestätigung   SIS Sehnsucht nach idealem Selbstobjekt
NAW Narzißtische Wut   D1 Mittelwert Bedrohtes Selbst
AUI Autarkie-Ideal   D2 Mittelwert" "Klassisch" Narzißtisches Selbst

Bindungsstil und Persönlichkeit

Tab. A4: Mittelwerte (M), Standardabweichungen (S), Skalenwerte (Summen-werte) der fünf Persönlichkeitsdimensionen des NEO-FFI, differenziert nach Bin-dungsstilen (Kruskal-Wallis-H-Tests, Monte-Carlo-Testverfahren, basierend auf 10000 Stichprobentabellen)

	Bindungsstil								
	sicher (N=9)		unsicher-ambivalent (N=6)		unsicher-vermeidend (N=6)		unsicher-gemischt (N=8)		
Skalenwert NEO-FFI	M	S	M	S	M	S	M	S	p
Neurotizismus	2,50	0,39	2,69	0,82	2,40	0,51	2,69	1,04	.880
Extraversion	3,16	0,26	3,40	0,27	3,01	0,47	3,38	0,46	.206
Offenheit	3,43	0,23	3,71	0,36	3,40	0,54	3,56	0,41	.601
Verträglichkeit	3,32	0,49	3,32	0,47	2,97	0,30	3,23	0,22	.333
Gewissen-haftigkeit	3,74	0,39	3,97	0,46	3,43	0,37	3,61	0,92	.315

~:p≤.10   *: p≤.05   **: p≤.01   ***:p≤.001

Ulmer Studie über Bindungsstile, Informationsblatt

Sehr geehrter Herr........

hiermit bitten wir Sie, an der *Ulmer Studie über Bindungsstile* teilzunehmen, in der die allgemeinen Beziehungen zwischen Menschen untersucht werden, um besser verstehen zu können, wie diese entstehen und aufrechterhalten werden.

Die Untersuchung besteht aus mehreren Fragebögen und einem Interview von ca. einer Stunde Dauer, das auf Tonband und Video aufgezeichnet wird. Im Interview geht es um Beziehungserfahrungen in der Kindheit sowie der Gegenwart.

Die Studie hat und wird keinerlei Auswirkungen auf Vollzugsentscheidungen haben und dient ausschließlich wissenschaftlichen Zwecken.

Es ist selbstverständlich, daß Ihre Zustimmung zur wissenschaftlichen Auswertung Ihrer Daten freiwillig erfolgt und es mit keinerlei Nachteilen für Sie verbunden ist, falls Sie diese Zustimmung nicht geben möchten. Auch werden die Daten selbstverständlich anonymisiert und nach der Auswertung vernichtet.

Vielen Dank für Ihre Mitarbeit.

....
Ort, Datum   Aufklärung erfolgte durch
                                                  (Name und Unterschrift)

Einverständniserklärung

Hiermit erkläre ich mich bereit, an der *Ulmer Studie über Bindungsstile* teilzunehmen.

Ich bin darüber informiert, daß die Angaben innerhalb der Untersuchung
1) keinerlei Auswirkungen auf Vollzugsentscheidungen haben werden,
2) ausschließlich wissenschaftlichen Zwecken dienen,
3) anonymisiert und nach der Datenauswertung vernichtet werden.

Name: ....

Geburtsdatum: ....

....
Ort, Datum   Unterschrift

Code-Nr.:_____

Sie haben an der *Ulmer Studie über Bindungsstile* teilgenommen. Der Inhalt der Gespräche und die ermittelten Befunde unterliegen der Schweigepflicht. Eine Verarbeitung personenbezogener Daten ist gemäß § 4 Abs. 1 des Landesdatenschutzgesetzes (LDSG) nur zulässig, wenn ein Gesetz oder eine andere Rechtsvorschrift sie erlaubt oder der/die Betroffene eingewilligt hat. Wir bitten Sie daher um Ihr Einverständnis.

Einverständniserklärung

Ich wurde hiermit darauf hingewiesen, daß eine Nichteinwilligung keinerlei Auswirkungen auf die Vollzugsentscheidungen zur Folge hat. Ich bin einverstanden, daß Daten nach den Bestimmungen des Landesdatenschutzgesetzes und des Landeskrankenhausgesetzes über automatische Datenverarbeitung zum Zwecke der wissenschaftlichen Auswertung gespeichert werden. Dies betrifft Daten aus EBPR, NEO-FFI, IIP-D, NI, FKK und MWT-B. Eine Übermittlung der Daten an Dritte findet nicht statt.

....
Ort, Datum   Unterschrift

Ulmer Studie über Bindungsstile

Hiermit erkläre ich, daß die Mitarbeiter der **Ulmer Studie über Bindungsstile** Einblick in das meiner Verurteilung zugrundeliegende Urteil und in den bei den Gefangenenpersonalakten befindlichen Auszug aus dem Bundeszentralregister nehmen können.

Ich bin darüber informiert, daß die Auswertung der Daten ausschließlich zu wissenschaftlichen Zwecken erfolgt. Personenbezogene Unterlagen werden nach der Auswertung unverzüglich vernichtet. Ich wurde darauf hingewiesen, daß weder die Zustimmung noch die Nichteinwilligung Auswirkungen auf die Vollzugsentscheidungen zur Folge hat.

....
Ort, Datum   Unterschrift

Ulmer Studie über Bindungsstile, Informationsblatt

Sehr geehrter Herr.....

hiermit bitten wir Sie, an der *Ulmer Studie über Bindungsstile* teilzunehmen, in der die allgemeinen Beziehungen zwischen Menschen untersucht werden, um besser verstehen zu können, wie diese entstehen und aufrechterhalten werden.

Die Untersuchung besteht aus mehreren Fragebögen und einem Interview von ca. einer Stunde Dauer, das auf Tonband und Video aufgezeichnet wird. Im Interview geht es um Beziehungserfahrungen in der Kindheit sowie der Gegenwart.

Die Studie dient ausschließlich wissenschaftlichen Zwecken.

Es ist selbstverständlich, daß Ihre Zustimmung zur wissenschaftlichen Auswertung Ihrer Daten freiwillig erfolgt und es mit keinerlei Nachteilen für Sie verbunden ist, falls Sie diese Zustimmung nicht geben möchten. Auch werden die Daten selbstverständlich anonymisiert und nach der Auswertung vernichtet.

Vielen Dank für Ihre Mitarbeit.

....
Ort, Datum

....
Aufklärung erfolgte durch
(Name und Unterschrift)

Einverständniserklärung

Hiermit erkläre ich mich bereit, an der *Ulmer Studie über Bindungsstile* teilzunehmen.

Ich bin darüber informiert, daß die Angaben innerhalb der Untersuchung
    1) ausschließlich wissenschaftlichen Zwecken dienen,
    2) anonymisiert und nach der Datenauswertung vernichtet werden.

Name: ....

Geburtsdatum: ....

....
Ort, Datum   Unterschrift

Ulmer Studie über Bindungsstile

Sie haben an der *Ulmer Studie über Bindungsstile* teilgenommen. Der Inhalt der Gespräche und die ermittelten Befunde unterliegen der Schweigepflicht. Eine Verarbeitung personenbezogener Daten ist gemäß § 4 Abs. 1 des Landesdatenschutzgesetzes (LDSG) nur zulässig, wenn ein Gesetz oder eine andere Rechtsvorschrift sie erlaubt oder der/die Betroffene eingewilligt hat. Wir bitten Sie daher um Ihr Einverständnis.

Einverständniserklärung

Ich wurde hiermit darauf hingewiesen, daß eine Nichteinwilligung keinerlei Auswirkungen auf die Vollzugsentscheidungen zur Folge hat. Ich bin einverstanden, daß Daten nach den Bestimmungen des Landesdatenschutzgesetzes und des Landeskrankenhausgesetzes über automatische Datenverarbeitung zum Zwecke der wissenschaftlichen Auswertung gespeichert werden. Dies betrifft Daten aus EBPR, NEO-FFI, IIP-D, NI, FKK und MWT-B. Eine Übermittlung der Daten an Dritte findet nicht statt.

....
Ort, Datum   Unterschrift

Institution: _____

Code-Nummer des Probanden:_____ (S - ... oder G - ....)

Datum der Untersuchung:_____

Zeitpunkt der Untersuchung:_____(t0, t1)

Interviewer/in:_____

Anmerkungen zur Untersuchung:

I DIAGNOSEN UND DELIKTE

Hauptdiagnose: 1 2 3 4 5 6 7

Nebendiagnose: 1 2 3 4 5 6 7

Hauptdelikt: 1 2 3 4 5 6 7 8
(bei 8:welches:_____)
Alter bei Hauptdelikt_____

Hat die Person das Hauptdelikt schon
mehrfach begangen:
□ nein
□ ja
wenn ja, wie oft?

Hat die Person außer dem Hauptdelikt
noch andere Arten von Delikten begangen:
nein
wenn ja: 1 2 3 4 5 6 7 8

Die Person ist zum ____ten mal in Haft.

Zahl der Verurteilungen:_____

Subjektive Meinung, warum straffällig
geworden:_____

Der Zeitraum bis zur Entlassung beträgt:
_____ Monate
_____ Jahr(e)

Diagnoseschlüssel:

1 = HOPS
2 = schizophrene St.
      (inkl. paranoide Syndr.)
3 = affektive St.
4 = Persönlichkeitsst. (inkl. sexuelle Deviatio-
      nen)
5 = intellektuelle Behinderung
6 = prim. o. sek. Suchterkrankung

_____

Deliktschlüssel:

1 = Tötungsdelikte
2 = Körperverletzungen
3 = Sexualdelikte **ohne** Gewalt
4 = Sexualdelikte **mit** Gewalt
5 = Eigentumsdelikte **ohne** Gewalt
6 = Eigentumsdelikte **mit** Gewalt
7 = Brandstiftung
8 = sonstige Delikte

162

II SOZIODEMOGRAPHISCHE DATEN

1) Geburtsjahr:_____

2) Jetziges Alter:_____ **Jahre**

3) Nationalität:

a) deutsch: ☐
b) andere
Nationalität:_____
c) wenn andere: seit wann in BRD
lebend:_____Jahre

4) Wohnort:

a) längster Aufenthalt an einem Wohnort: _____ Jahre

b) Anzahl der Wohnungswechsel bis 18 Jahre? _____

III HERKUNFT /FAMILIE

1) Eltern:

a)Wie alt waren die Eltern bei der Geburt des Probanden?

Mutter:_____Jahre

weiß nicht: ☐

Vater: _____Jahre

weiß nicht: ☐

b) falls Eltern verstorben:

Wie alt war der Proband beim Tod der Mutter? _____

Wie alt war der Proband beim Tod des Vaters?_____

c) Beruf: Mutter: _____
Vater: _____

d) Trennten sich die leiblichen Eltern (z.B. Scheidung)?   ja ☐   nein ☐

Wie alt war der Proband bei der Scheidung der Eltern? _____Jahre

Wo lebte der Proband nach der Trennung der Eltern?

_____

e) Gab es Stiefeltern?   ja ☐   nein ☐

                    Stiefmutter   ja ☐   nein ☐

                    Stiefvater   ja ☐   nein ☐

Wie lange lebte der Proband bei Stiefvater/mutter? _____

f) Gab es Pflegeeltern?   ja ☐   nein ☐

wenn ja:

Wie lange lebte der Proband bei den Pflegeeltern?_____Jahre

2) Geschwister (G)

a) Zahl der leiblichen Geschwister (einschließlich eigener Person):_____

                                        weiß nicht ☐

b) Altersmäßige Stellung in der Reihe der leiblichen Geschwister:

(erst-, zweitgeboren, etc.) _____

c) Zahl von Halb- und Stiefgeschwistern:_____ weiß nicht ☐

3) Probleme und Straffälligkeit in der Familie

a) psychiatrische Er-
krankungen

	Ja	Nein	Keine Angaben
Mutter	☐	☐	☐
Vater	☐	☐	☐
Geschwister	☐	☐	☐
andere	☐	☐	☐

wer? _____

welche?

_____

b) Suizidversuch

	Ja	Nein	Keine Angaben
Mutter	☐	☐	☐
Vater	☐	☐	☐
Geschwister	☐	☐	☐
andere	☐	☐	☐

wer? _____

c) Suizid

	Ja	Nein	Keine Angaben
Mutter	☐	☐	☐
Vater	☐	☐	☐
Geschwister	☐	☐	☐
andere	☐	☐	☐

wer? _____

d) Alkoholabhängig-keit		Ja	Nein	Keine Angaben
	Mutter	☐	☐	☐
	Vater	☐	☐	☐
	Geschwister	☐	☐	☐
	andere	☐	☐	☐

wer? _____

e) Drogen- oder Medi-kamentenab-hängigkeit		Ja	Nein	Keine Angaben
	Mutter	☐	☐	☐
	Vater	☐	☐	☐
	Geschwister	☐	☐	☐
	andere	☐	☐	☐

wer? _____

f) registrierte Straffäl-ligkeit (angezeigte oder abgeurteilte Straftaten)		Ja	Nein	Keine Angaben
	Mutter	☐	☐	☐
Freiheitsstrafe:	Vater	☐	☐	☐
	Geschwister	☐	☐	☐
	andere	☐	☐	☐

wer? _____
welche?

_____

Bewährungsstrafe:		Ja	Nein	Keine Angaben
	Mutter	☐	☐	☐
	Vater	☐	☐	☐
	Geschwister	☐	☐	☐
	andere	☐	☐	☐

wer? _____

IV LEISTUNGSBEREICH

1) Schule

☐ Sonderschule ohne Abschluß
☐ Sonderschule mit Abschluß
☐ Hauptschule ohne Abschluß
☐ Hauptschule mit Abschluß
☐ Realschule oder POS ohne Abschluß
(Polytechnische Oberschule)
☐ Realschule oder POS mit Abschluß
☐ Gymnasium oder EOS ohne Abitur *(Erweiterte Oberschule)*
☐ Fachgebundene Hochschulreife
☐ Gymnasium EOS mit Abitur
☐ Abitur oder EOS mit nicht abgeschlossenem Studium
☐ Abgeschlossenes Studium

Zahl von Klassenwiederholungen _____

2) Beruf

a) Berufsausbildung

☐ nie begonnen
☐ Lehre ohne Abschluß
☐ Lehre mit Abschluß
☐ Fachschule ohne Abschluß
☐ Fachschule mit Abschluß
☐ Fachhochschule ohne Abschluß
☐ Fachhochschule mit Abschluß
☐ Hochschule ohne Abschluß
☐ Hochschule mit Abschluß
☐ sonstige Ausbildung ohne Abschluß
☐ noch in beruflicher Ausbildung

b) Zahl von Ausbildungswechseln:_____

c) Häufiges Fehlen bei Ausbildung: ☐ ja
☐ nein

d) Art des erlernten Berufs _____

e) berufliche Tätigkeit vorHaft_____

f) wieviele Arbeitsstellen bisher_____

g) wielange war der Proband arbeitslos vor Inhaftierung?_____

h) wielange hat der Proband vor Inhaftierung Sozialhilfe empfangen?_____

V VERURTEILUNGEN INSGESAMT

Liste aller Verurteilungen		
Alter des Probanden	Deliktschlüssel (S. 1)	Sanktion
1		
2		
3		
4		
5		
6		
7		
8		
9		
10		
11		
12		
13		
14		
15		
16		
17		
18		
19		
20		

VII HAUTPDELIKT

1) Jahr der Verurteilung_____

2) Alter bei Verurteilung_____Jahre

3) Handelt es sich um eine Jugendstrafe?   ☐ ja
                                             ☐ nein

3) Tatumstände

a) Tatort
- ☐ 1 = Gemeinde < 20.000 Einw.
- ☐ 2 = Mittelstadt 20.000 bis 100.000
- ☐ 3 = Großstadt 100.000 bis 500.000
- ☐ 4 = Großstadt über 500.000

b) Tatzeit

☐ Wochentag   ☐ Wochenende

Tageszeit: ☐ tagsüber   ☐ abends   ☐ nachts

c) Begehensart   ☐ geplant   ☐ ungeplant (spontan)
            Zahl der Täter: ☐ Einzeltat   ☐ Zahl der Täter

bei Gruppentat: Position des P. in Gruppe: ☐ Anführer
                                            ☐ Mitläufer

d) Drogenkonsum

Alkoholmenge zur Tatzeit: ☐ keine Angaben
                                      ☐ kein Alkohol
                                      ☐ bis 1 Promille
                                      ☐ 1-2 Promille
                                      ☐ 2-3 Promille
                                      ☐ > 3 Promille

Drogen und Medikamente: ☐ nein
                                      ☐ ja

wenn ja: welche:_____

                                      ☐ keine Angaben

e) Tathergang

_____
_____
_____
_____

f) Tatmotive

    1. juristisch   ☐ Affekttat
                          ☐ Notwehr/Verteidigung der eigenen Person
                          ☐ Verteidigung einer anderen Person
                          ☐ Verdeckung einer anderen Straftat

    2. psychologisch

                          ☐ Ausleben von aggressiven Impulsen
                          ☐ Rache
                          ☐ Eifersucht
                          ☐ Bereicherung
                          ☐ Provokation durch andere?
                          ☐ Sonstige Motive_____

g) Tatmittel   ☐ körperliche Gewaltanwendung
                          ☐ Schußwaffe
                          ☐ Stichwaffe
                          ☐ Schlagwaffe
                          ☐ psychische Gewaltanwendung/Drohung
                          ☐ sonstige Tatmittel_____

4) Opfer

    a) Anzahl der Opfer_____

    b) Beziehung zum Opfer   ☐ Mutter
                                    ☐ Vater
                                    ☐ Geschwister
                                    ☐ Ehepartner / Lebensgefährte
                                  ☐ Kinder
                                  ☐ sonstige Verwandte
                                ☐ Bekannte / FreundIn
                                ☐ fremde Autoritätsperson
                                        (Vorgesetzte, etc.)
                                ☐ Unbekannte

c) Geschlecht des Opfers   ☐ weiblich   ☐ männlich

d) Alter des Opfers _____ Jahre

e) Verletzungsgrad des Opfers

☐ unverletzt
☐ leicht verletzt
☐ schwer verletzt
☐ lebensgefährlich verletzt
☐ tot

f) Verhalten des Opfers

☐ abweisend
☐ provozierend
☐ sonstiges Verhal-
ten_____
☐ keine Angaben

5) Verhalten nach der Tat

☐ überlegter Fluchtplan
☐ unüberlegte Flucht
☐ in flagranti verhaftet
☐ nach polizeilicher Ermittlung verhaftet
☐ selbst gestellt
☐ sonstiges_____

6) Geständnis

☐ in vollem Umfang
☐ Teilgeständnis
☐ Verleugnung der Tat
☐ Verweigerung von Angaben

Institution: _____

Code-Nummer:_____ (S - ... oder G - ....)

Datum der Untersuchung:_____

Zeitpunkt der Untersuchung:_____(t0, t1)

Interviewer/in:_____

I SCHULSCHWIERIGKEITEN

Schulschwierigkeiten
- ☐ häufiges Schuleschwänzen
- ☐ Schulverweis
  wenn Schulverweis: wieviele?

  _____
- ☐ weiß nicht
- ☐ Angst vor Schule
- ☐ Konzentrationsschwierigkeiten in Schule
- ☐ keine

II HERKUNFT/FAMILIE

1) Gewalttätigkeiten

Proband gegen Eltern	ja ☐	nein ☐
V gegen M	ja ☐	nein ☐
M gegen V	ja ☐	nein ☐
V gegen Proband	ja ☐	nein ☐
M gegen Proband	ja ☐	nein ☐
Kinder untereinander	ja ☐	nein ☐

2) Schwierigkeiten, Probleme, Belastungen des Probanden?

Gibt es in Lebensgeschichte des Probanden (vor Inhaftierung)?

☐ schwere Krankheiten

welche?_____

☐ Suizidversuch(e)

wenn ja: wieviele?_____

☐ Alkoholabhängigkeit

wenn ja:
Wurde Sucht behandelt?

☐ ja
☐ nein

☐ Medikamentenabhängigkeit

wenn ja:
Wurde Sucht behandelt?

☐ ja
☐ nein

☐ Drogenabhängigkeit

wenn ja:
Wurde Sucht behandelt?

☐ ja
☐ nein

b) Welche physische Probleme, Belastungen, Schwierigkeiten bestehen derzeit?

☐ schwere Krankheiten

wenn ja: welche?_____

☐ Partnerschaftsprobleme
☐ Suizidalität
☐ Alkoholabhängigkeit
☐ Drogenabhängigkeit
☐ Medikamentenabhängigkeit

falls eine der obigen Kategorien Ja:

Werden die "Schwierigkeiten" behandelt?   ☐ ja
☐ nein

wenn ja: Wie?

_____

_____

III EIGENE FAMILIE

1) Familienstand

☐ ledig ohne Partner(in)
☐ ledig mit Partner(in)
☐ verheiratet / in Partnerschaft lebend
☐ verwitwet
☐ geschieden, wenn ja, Zahl der
Scheidungen:_____

2) Partnerschaft

a) Hatte Proband bisher Partnerschaften?

☐ ja
☐ nein

Falls Partnerschaften:

b) Waren die Partnerschaften heterosexuell? ☐
         homosexuell? ☐
         bisexuell? ☐

b) Wieviele Partnerschaften hatte der Proband
vor der Inhaftierung?

☐ eine
☐ 2-5
☐ 5-10
☐ über 10

c) Wie lange dauerte die längste Partnerschaft?

☐ < 1/2 Jahr
☐ 1/2 - 1 Jahr
☐ 1-2 Jahre
☐ über 2 Jahre

d) besteht Partnerschaft während derzeitiger Inhaftierung?

☐ ja
☐ nein

wenn ja: gleiche Partner(in) ☐ ja
            ☐ nein

3) Kinder

a) Zahl eigener Kinder:_____

b) Alter der Kinder: _____

b) Zahl von Kindern in Haushalt vor
Inhaftierung:_____

c) leben die Kinder bei der Mutter? ☐ ja
               ☐ nein

wenn nein: Wo und mit wem leben die Kinder?

_____

IV AUFENTHALTSBEREICH VOR DER HAFT

1) **Art des Wohnsitzes vor Haft**
   - ☐ ohne festen Wohnsitz
   - ☐ Heim   welcher Art? _____
   - ☐ bei Eltern/Schwiegereltern
   - ☐ Mietwohnung
   - ☐ Eigentumswohnung / Haus

2) **Haushalt vor Haft**
   - ☐ alleine lebend
   - ☐ mit Partner(in) zusammen
   - ☐ bei Eltern wohnend
   - ☐ sonstiges_____-_____

3) **Zahl der Personen im Haushalt:_____**

V KONTAKTBEREICH UND SOZIALES NETZWERK

1) Bekannte und Freunde vor Haft/tragende Beziehungen

a) Hatte Proband vor der Haft Bekannte?

- ☐ nein
- ☐ ja
- ☐ weiß nicht

wenn ja: wieviele? _____
davon männlich: _____
davon weiblich: _____

b) Hatte Proband vor der Haft Freunde?

- ☐ nein
- ☐ ja
- ☐ weiß nicht

wenn ja: wieviele? _____
davon männlich? _____
davon weiblich? _____

c) Gab es vor der Haft straffällige Personen im Bekannten- und Freundeskreis?

☐ nein
☐ ja
☐ weiß nicht

wenn ja: wieviele?_____

d) Orte, an denen Bekanntschaften oder Freundschaften geschlossen wurden:

☐ Arbeit:_____
☐ Vereine:_____
☐ Straße, öffentliche Plätze:_____
☐ Lokale:_____
☐ Veranstaltungen:_____
☐ JVA:_____
☐ Kontaktannonce: _____
☐ sonstige Orte:_____

2) Sexuelle Beziehungen

a) Gab es vor der Haft sexuelle Beziehungen?   ☐ ja   ☐ nein

wenn ja:

☐ heterosexuell
☐ homosexuell
☐ bisexuell

b) Art der sexuellen Beziehung vor Haft:

☐ zu konstantem Partner
☐ zu mehreren Personen

c) Zufriedenheit mit sexueller Beziehung: damals: ☐ ja   ☐ nein
                                             heute: ☐ ja   ☐ nein

d) Alter, in dem der erste Geschlechtsverkehr stattfand:_____

e) Anzahl an Partnerschaften_____
durchschnittliche Dauer der Partnerschaften_____

f) Wurde der Proband als Kind sexuell mißbraucht?   ☐ nein
    ☐ ja
            wenn ja: durch wen? _____

Ist der Mißbrauch bekanntgeworden?   ☐ ja
    ☐ nein

3) Freizeitverhalten

a) Freizeit wurde verbracht in
    ☐ Familie
    ☐ Vereinen
    ☐ Bekanntenkreis, Clique
    ☐ Lokale
    ☐ Spielhallen
    ☐ öffentlichen Plätzen, Straße
    ☐ sonstige Orte_____

BEGLEITBOGEN-K

Institution:

Code-Nummer:_____

Datum der Untersuchung:_____

Zeitpunkt der Untersuchung:_____

Interviewer/in:_____

I SOZIODEMOGRAPHISCHE DATEN

1) Geburtsjahr:_____

2) Jetziges Alter: _____Jahre

3) Nationalität: ☐ deutsch:
                                  ☐ andere Nationalität:_____

wenn andere: seit wann in BRD lebend:_____Jahre

4) Art des Wohnsitzes   ☐ ohne festen Wohnsitz
                                  ☐ Heim welcher Art? _____
                                  ☐ bei Eltern/Schwiegereltern
                                  ☐ Mietwohnung
                                  ☐ Eigentumswohnung / Haus

5) Haushalt

☐ alleine lebend
☐ mit Partner(in) zusammen
☐ bei Eltern wohnend
☐ sonstiges_____

Zahl der Personen im Haushalt:_____

6) Wohnortwechsel ☐ ja
☐ nein

längster Aufenthalt an einem Wohnort: _____ Jahre

Anzahl der Wohnungswechsel bis 18 Jahre? _____

II LEISTUNGSBEREICH

1) Schule

☐ Sonderschule ohne Abschluß
☐ Sonderschule mit Abschluß
☐ Hauptschule ohne Abschluß
☐ Hauptschule mit Abschluß
☐ Realschule oder POS ohne Abschluß
(Polytechnische Oberschule)
☐ Realschule oder POS mit Abschluß
☐ Gymnasium oder EOS ohne Abitur
(Erweiterte Oberschule)
☐ Fachgebundene Hochschulreife
☐ Gymnasium EOS mit Abitur
☐ Abitur oder EOS mit nicht abgeschlossenem Studium
☐ Abgeschlossenes Studium

Klassenwiederholungen ☐ nein
☐ ja
Anzahl_____

2) Beruf

a) Berufsausbildung

☐ nie begonnen
☐ Lehre ohne Abschluß
☐ Lehre mit Abschluß
☐ Fachschule ohne Abschluß
☐ Fachschule mit Abschluß
☐ Fachhochschule ohne Abschluß
☐ Fachhochschule mit Abschluß
☐ Hochschule ohne Abschluß
☐ Hochschule mit Abschluß
☐ sonstige Ausbildung ohne Abschluß
☐ noch in beruflicher Ausbildung

b) Zahl von Ausbildungswechseln:_____

c) Häufiges Fehlen bei Ausbildung: ☐ ja
☐ nein

d) Art des erlernten Berufs_____

e) wieviele Arbeitsstellen bisher?_____

g) wielange war der Proband arbeitslos?_____

h) wielange hat der Proband Sozialhilfe empfangen?_____

3) Schulschwierigkeiten:

☐ häufiges Schuleschwänzen
☐ Schulverweis
     wenn Schulverweis: wieviele?_____
     ☐ weiß nicht
☐ Angst vor Schule
☐ Konzentrationsschwierigkeiten in Schule
☐ keine

III EIGENE FAMILIE

1) Familienstand

☐ ledig ohne Partner(in)
☐ ledig mit Partner(in)
☐ verheiratet / in Partnerschaft lebend
☐ verwitwet
☐ geschieden, wenn ja, Zahl der
Scheidungen:_____

2) Eltern:

a)Wie alt waren die Eltern bei der Geburt des Probanden?

Mutter:_____Jahre

weiß nicht ☐

Vater: _____Jahre

weiß nicht: ☐

b) falls Eltern verstorben:

Wie alt war der Proband beim Tod der Mutter? _____

Wie alt war der Proband beim Tod des Vaters?_____

c) Beruf: Mutter: _____
Vater: _____

d) Trennten sich die leiblichen Eltern (z.B. Scheidung)?   ja ☐   nein ☐

Wie alt war der Proband bei der Scheidung der Eltern? _____Jahre

Wo lebte der Proband nach der Trennung der Eltern?

_____

e) Gab es Stiefeltern?   ja ☐   nein ☐

Stiefmutter   ja ☐   nein ☐
Stiefvater   ja ☐   nein ☐

Wielange lebte der Proband bei Stiefvater/mutter? _____

f) Gab es Pflegeeltern/Heim?   ja ☐   nein ☐

wenn ja:

Wielange lebte der Proband bei den Pflegeeltern? _____ Jahre

g) Trennungszeiten

War der Proband vor seinem 14. Lebensjahr länger als sechs Monate von seinen Eltern getrennt?

                              ja ☐   nein ☐

3) Geschwister

   a) Zahl der leiblichen Geschwister (einschließlich eigener Person): _____

                              weiß nicht ☐

   b) Altersmäßige Stellung in der Reihe der leiblichen Geschwister:

   (erst-, zweitgeboren, etc.) _____

   c) Zahl von Halb- und Stiefgeschwistern: _____ weiß nicht ☐

4) Partnerschaft

   a) Hatte Proband bisher Partnerschaften?
                                    ☐ ja
                                    ☐ nein

Falls Partnerschaften:

b) Waren die Partnerschaften   heterosexuell?   ☐

homosexuell?   ☐

bisexuell?   ☐

b) Wieviele Partnerschaften hatte der Proband bisher?

☐ eine
☐ 2-5
☐ 5-10
☐ über 10

c) Wielange dauerte die längste Partnerschaft?

☐ < 1/2 Jahr
☐ 1/2 - 1 Jahr
☐ 1-2 Jahre
☐ über 2 Jahre

d) besteht eine aktuelle Partnerschaft?

☐ ja
☐ nein

4) Kinder

a) Zahl eigener Kinder:_____

b) Alter der Kinder: _____

c) leben die Kinder bei der Mutter?   ☐ ja
    ☐ nein

wenn nein: Wo und mit wem leben die Kinder?

_____

IV PROBLEME UND BELASTUNGEN

1) Schwierigkeiten, Probleme, Belastungen des Probanden?

Gibt es in Lebensgeschichte des Probanden?

☐ schwere Krankheiten

welche?_____

☐ Suizidversuch(e)

wenn ja: wieviele?_____

☐ Alkoholabhängigkeit

wenn ja:
Wurde Sucht behandelt?

☐ ja
☐ nein

☐ Medikamentenabhängigkeit

wenn ja:
Wurde Sucht behandelt?

☐ ja
☐ nein

☐ Drogenabhängigkeit

wenn ja:
Wurde Sucht behandelt?

☐ ja
☐ nein

b) Welche physische Probleme, Belastungen, Schwierigkeiten des Probanden
   bestehen derzeit?

          ☐ schwere Krankheiten

          wenn ja: welche?_____

          ☐ Partnerschaftsprobleme
          ☐ Suizidalität
          ☐ Alkoholabhängigkeit
          ☐ Drogenabhängigkeit
          ☐ Medikamentenabhängigkeit

          falls eine der obigen Kategorien Ja:

Werden die "Schwierigkeiten" behandelt?   ☐ ja
                                      ☐ nein

          wenn ja: Wie?

_____

_____

_____

_____

_____

_____

2) Probleme und Belastungen der Familie

a) psychiatrische Er-krankungen   Ja   Nein   ☐ Keine Angaben

	Ja	Nein
Mutter	☐	☐
Vater	☐	☐
Geschwister	☐	☐
andere	☐	☐

wer? _____

welche?

_____

_____

b) Suizidversuch(e)   Ja   Nein   ☐ Keine Angaben

	Ja	Nein
Mutter	☐	☐
Vater	☐	☐
Geschwister	☐	☐
andere	☐	☐

wer? _____

c) Suizid   Ja   Nein   ☐ Keine Angaben

	Ja	Nein
Mutter	☐	☐
Vater	☐	☐
Geschwister	☐	☐
andere	☐	☐

wer? _____

d) Alkoholabhängigkeit		Ja	Nein	☐ Keine Angaben
	Mutter	☐	☐	
	Vater	☐	☐	
	Geschwister	☐	☐	
	andere	☐	☐	

wer? _____

e) Drogen- oder Medi-kamentenabhängigkeit		Ja	Nein	☐ Keine Angaben
	Mutter	☐	☐	
	Vater	☐	☐	
	Geschwister	☐	☐	
	andere	☐	☐	

wer? _____

f) registrierte Straffäl-ligkeit (angezeigte oder abgeurteilte Straftaten)		Ja	Nein	☐ Keine Angaben
Freiheitsstrafe:	Mutter	☐	☐	
	Vater	☐	☐	
	Geschwister	☐	☐	
	andere	☐	☐	

wer? _____
welche?

_____

_____

Bewährungsstrafe: ☐ Ja ☐ Nein ☐ Keine
Angaben

Mutter   ☐   ☐
Vater   ☐   ☐
Geschwister   ☐   ☐
andere   ☐   ☐

wer? _____

3) Gewalttätigkeiten

Proband gegen Eltern   ja ☐   nein ☐
V gegen M   ja ☐   nein ☐
M gegen V   ja ☐   nein ☐
V gegen Proband   ja ☐   nein ☐
M gegen Proband   ja ☐   nein ☐
Kinder untereinander   ja ☐   nein ☐

V KONTAKTBEREICH UND SOZIALES NETZWERK

1) Bekannte und Freunde/tragende Beziehungen

a) Hat(te) Proband Bekannte?   ☐ nein
☐ ja
☐ weiß nicht

wenn ja: wieviele? _____
davon männlich: _____
davon weiblich: _____

b) Hat(te) Proband Freunde?

              ☐ nein
              ☐ ja
              ☐ weiß nicht

      wenn ja: wieviele? _____
      davon männlich? _____
      davon weiblich? _____

c) Gibt es straffällige Personen im Bekannten- und Freundeskreis?

              ☐ nein
              ☐ ja
              ☐ weiß nicht

      wenn ja: wieviele?_____

d) Orte, an denen Bekanntschaften oder Freundschaften geschlossen wurden:

   ☐ Arbeit:_____
   ☐ Vereine:_____
   ☐ Straße, öffentliche Plätze:_____
   ☐ Lokale:_____
   ☐ Veranstaltungen:_____
   ☐ JVA:_____
   ☐ Kontaktannonce: _____
   ☐ sonstige Orte:_____

2) Sexuelle Beziehungen

a) sexuelle Beziehungen: ☐ ja   ☐ nein

                      wenn ja:

                      ☐ heterosexuell
                      ☐ homosexuell
                      ☐ bisexuell

b) Art der sexuellen Beziehung:

☐ zu konstantem Partner
☐ zu mehreren Personen

c) Zufriedenheit mit sexueller Beziehung: damals: ☐ ja ☐ nein
                                            heute: ☐ ja ☐ nein

d) Alter, in dem der erste Geschlechtsverkehr stattfand:_____

e) Anzahl der Partnerschaften_____
   durchschnittliche Dauer der Partnerschaften_____

f) Wurde der Proband als Kind sexuell mißbraucht?   ☐ nein
                                                         ☐ ja
                           wenn ja: durch wen? _____

Ist der Mißbrauch bekanntgeworden?   ☐ ja
                                                         ☐ nein

3) Freizeitverhalten

a) Freizeit wird verbracht in:
                              ☐ Familie
                              ☐ Vereinen
                              ☐ Bekanntenkreis, Clique
                              ☐ Lokale
                              ☐ Spielhallen
                              ☐ öffentlichen Plätzen, Straße
                              ☐ sonstige Orte_____

Prototyp 1: sichere Züge

Normalerweise kann sich die beurteilte Person auf andere verlassen und anderen Menschen zur Verfügung stehen. Sie weiß relativ gut über sich und ihre Gefühle zu anderen Menschen Bescheid. Gleichzeitig stört es sie nicht, wenn andere anders sind als sie. Sie hat einige gute Beziehungen, die sie als Bereicherung erlebt. Ihre Beziehungen zu anderen sind überwiegend befriedigend und gewöhnlich nicht mit schlechten und ängstlichen Gefühlen verbunden. Normalerweise ist sich die Person sicher, daß andere für sie da sind, wenn sie diese braucht, und ist generell eher optimistisch im Hinblick auf Beziehungen.

1) Kann sich sowohl in Gesellschaft als auch allein wohlfühlen.

☐ sehr   ☐ ziemlich   ☐ mäßig   ☐ gar nicht   ☐ nicht
                                                        beurteilbar

2) Ist zuversichtlich, daß jemand für sie/ihn "dasein" wird, wenn er/sie nach Hilfe, Unterstützung oder Verständnis sucht.

☐ sehr   ☐ ziemlich   ☐ mäßig   ☐ gar nicht   ☐ nicht
                                                        beurteilbar

3) Verläßt sich auf andere, wenn dies angebracht ist, und kennt auch andere, die sich auf sie/ihn verlassen, wenn sie dies brauchen.

☐ sehr   ☐ ziemlich   ☐ mäßig   ☐ gar nicht   ☐ nicht
                                                        beurteilbar

Prototyp 2: übersteigert abhängig

Die zu beurteilende Person neigt dazu, sich von anderen abhängig zu machen. Sie sucht bei anderen Rat und Anleitung. Sie verläßt sich gern auf andere, da die anderen in ihren Augen mit den Dingen oft besser zurechtkommen als sie selbst. Immer wieder befürchtet sie, daß eine Bezugsperson sich gegen sie wenden oder sie verlassen könnte.

1) Neigt dazu, sich zu sehr von anderen Menschen abhängig zu machen; wird z.T. "anklammernd" in Beziehungen.

☐ sehr   ☐ ziemlich   ☐ mäßig   ☐ gar nicht   ☐ nicht beurteilbar

2) Überläßt Kontrolle tendenziell anderen; unterschätzt ihre/seine Fähigkeiten und eigenes Bewältigungspotential.

☐ sehr   ☐ ziemlich   ☐ mäßig   ☐ gar nicht   ☐ nicht beurteilbar

3) Hat viele "passiv rezeptive" Wünsche; möchte von anderen geliebt, unterstützt, verstanden und geführt werden.

☐ sehr   ☐ ziemlich   ☐ mäßig   ☐ gar nicht   ☐ nicht beurteilbar

Prototyp 3: instabil beziehungsgestaltend

Die beurteilte Person hat stark schwankende Gefühle; entweder mag sie etwas nahezu uneingeschränkt oder sie kann es nicht ausstehen. Sie wünscht sich auf der einen Seite, daß andere sich um sie kümmern, kann es aber auf der anderen Seite nicht wirklich ertragen, wenn andere diesem Wunsch nachkommen. Sie reagiert ungehalten, wenn sie um Dinge betrogen wird, von denen sie denkt, daß sie ihr zustehen. Wenn sie etwas haben will, möchte sie es am liebsten sofort haben. Manchmal hat sie das Gefühl, daß das Leben nicht lebenswert ist, besonders wenn andere sie enttäuschen. Sie hat viele "Hochs" und "Tiefs" in ihren Gefühlen anderen gegenüber. Deshalb neigt sie dazu, eher häufig Freundschaften zu wechseln, als lange bei ein und demselben Menschen zu bleiben.

---

1) Hat extreme Gefühle, die plötzlich zwischen positiven und negativen Emotionen wechseln können.

   □ sehr   □ ziemlich   □ mäßig   □ gar nicht   □ nicht beurteilbar

2) Zwischenmenschliche Beziehungen sind ambivalent; ist mehr oder weniger unfähig, einander widersprechende Gefühle gegenüber einer Person miteinander in Einklang zu bringen (warme liebevolle Gefühle vs. feindselige ärgerliche Gefühle)

   □ sehr   □ ziemlich   □ mäßig   □ gar nicht   □ nicht beurteilbar

3) Hat Sehnsucht nach Liebe und Unterstützung, die aber nicht direkt, sondern überwiegend durch unangemessenes, Fürsorglichkeit provozierendes Verhalten ausgedrückt wird (z.B. suizidale Andeutungen; Hypochondrie).

   □ sehr   □ ziemlich   □ mäßig   □ gar nicht   □ nicht beurteilbar

Die beurteilte Person bevorzugt es eher, anderen Menschen zu helfen, als von ihnen Hilfe anzunehmen. Sie bringt benachteiligten Menschen gegenüber viel Mitgefühl auf, was dazu führt, das sie zu vielen Menschen freundlich ist, die andere
wahrscheinlich nicht mögen. Sie fühlt sich verletzt, wenn sie jemandem helfen
möchte und dieser ihre Hilfe einfach ablehnt. Manchmal glaubt sie, daß andere ihre
Hilfe nicht angemessen würdigen, und daß sie mehr gibt als bekommt. Es scheint,
daß die wichtigste Aufgabe in ihrem Leben ist, sich um andere Menschen zu kümmern.

1) Hat enge Beziehungen, nimmt aber eher die Rolle des Fürsorge-Gebenden
und nicht des Empfangenden ein.

☐ sehr   ☐ ziemlich   ☐ mäßig   ☐ gar nicht   ☐ nicht
beurteilbar

2) Sucht sich eher "Versager" zum Partner oder zum Freund (wendet sich z.B.
Personen zu, die entweder körperlich oder emotional bedürftig und
verwundbar sind).

☐ sehr   ☐ ziemlich   ☐ mäßig   ☐ gar nicht   ☐ nicht
beurteilbar

3) Bietet anderen beharrlich Hilfe an, auch wenn diese sie nicht wünschen; ist
verwirrt oder verletzt, wenn die "Hilfe" entschieden zurückgewiesen wird.

☐ sehr   ☐ ziemlich   ☐ mäßig   ☐ gar nicht   ☐ nicht
beurteilbar

Prototyp 5: zwanghaft selbstgenügsam

Die beurteilte Person ist wenig gefühlsbetont und versucht mit emotionalen Problemen stets rational umzugehen. Über Gefühle zu sprechen, empfindet die Person in der Regel als nicht sehr hilfreich. Sie ist ein strebsamer Arbeiter und meist entschlossen, auch in Zeiten von Enttäuschung und Frustration, ihre Aufgaben pflichtgemäß zu erledigen. Gelegentlich spürt man bei ihr ein Nähebedürfnis, das aber wegen vermeintlicher Erwartungen anderer nicht gezeigt werden darf. Andere Personen halten sie eher für etwas kantig und wenig spontan.

1) Denkt auffallend analytisch, kritisch und präzise; richtet ihre/seine Aufmerksamkeit übertrieben auf Details, Unterschiede und Widersprüche.

☐ sehr   ☐ ziemlich   ☐ mäßig   ☐ gar nicht   ☐ nicht
                                                          beurteilbar

2) Wenn sie/er Beziehungen thematisiert, wirkt sie/er rational kontrolliert.

☐ sehr   ☐ ziemlich   ☐ mäßig   ☐ gar nicht   ☐ nicht
                                                          beurteilbar

3) Ist sehr auf Leistung bezogen; meint häufig, andere würden sie/ihn vor allem wegen ihrer/seiner Leistungen anerkennen, weniger für andere Eigenschaften.

☐ sehr   ☐ ziemlich   ☐ mäßig   ☐ gar nicht   ☐ nicht
                                                          beurteilbar

Es ist der beurteilten Person besonders wichtig, unabhängig zu sein. Ihr gefällt es gar nicht, wenn andere ihr vorschreiben, was sie zu tun und zu lassen hat. Sie schätzt das Gefühl, sich um sich selbst kümmern zu können und von anderen nicht allzu abhängig zu sein. Sie möchte sich möglichst nicht darum scheren, was ein anderer tut. Sie möchte auch nicht, daß jemand sich um sie kümmert. Sie versucht Situationen aus dem Weg zu gehen, in denen sie sich gelähmt fühlt oder in denen sie unfähig ist, das zu tun, was sie für sich tun muß. Oft mag sie es nicht, in Beziehungen Verpflichtungen einzugehen, da sie dann unfähig sein könnte, ihre Meinung zu ändern und ihre Selbständigkeit zu bewahren.

1) Möchte lieber Möglichkeiten für sich offenhalten, als überdauernde Verpflichtungen einzugehen; bemüht sich, Unabhängigkeit, persönliche Wahlfreiheit
und Beweglichkeit zu bewahren und zu vergrößern.

☐ sehr ☐ ziemlich ☐ mäßig ☐ gar nicht ☐ nicht beurteilbar

2) Grenzt sich betont ab; legt großen Wert darauf, von anderen unabhängig und im Vergleich zu ihnen andersartig zu sein.

☐ sehr ☐ ziemlich ☐ mäßig ☐ gar nicht ☐ nicht beurteilbar

3) Ihre/seine Zufriedenheit hängt von dem Wunsch ab, eigene Autonomie zu bewahren.

☐ sehr ☐ ziemlich ☐ mäßig ☐ gar nicht ☐ nicht beurteilbar

Prototyp 7: emotional ungebunden

Die beurteilte Person ist normalerweise nicht davon berührt, was andere von ihr denken. Tatsächlich verbringt sie nicht viel Zeit damit, sich über Gefühle und Gedanken anderer den Kopf zu zerbrechen. Sie mag es nicht, wenn ihr Handeln durch Vorschriften oder durch andere Hindernisse blockiert wird. Wenn ihr etwas wichtig ist, sorgt sie sich nicht allzu sehr darum, wie sie es erreichen kann. Sie versucht einfach einen Weg zu finden, um ans Ziel zu kommen. Andere Personen sind für ihren Alltag nicht sonderlich relevant.

1) Ist von den Rückmeldungen anderer (sei es Lob oder Kritik) relativ unbeeindruckt.

☐ sehr ☐ ziemlich ☐ mäßig ☐ gar nicht ☐ nicht beurteilbar

2) Ist ziemlich "blind" für die Wirkungen ihres/seines Verhaltens auf andere; ist weitgehend unsensibel für deren Bedürfnisse und Wünsche.

☐ sehr ☐ ziemlich ☐ mäßig ☐ gar nicht ☐ nicht beurteilbar

3) Beim Verfolgen eigener Ziele blendet sie/er eventuelle negative Folgen eigenen Handelns weitgehend aus.

☐ sehr ☐ ziemlich ☐ mäßig ☐ gar nicht ☐ nicht beurteilbar

➲ *Hürlimann, Michael*
Informelle Führer und Einflußfaktoren
in der Subkultur des Strafvollzugs
Band 1, 1993, 232 + LXVII S., ISBN 3-89085-643-X, 58,– DM / 423,– öS / 52,50 sFr

➲ *Steller, Max / Dahle, Klaus-Peter / Basqué, Monika (Hg.)*
Straftäterbehandlung
Band 2, 1993, 318 S., ISBN 3-89085-873-2, 58,– DM / 423,– öS / 52,50 sFr (vergriffen)

➲ *Müller-Dietz, Heinz / Walter, Michael (Hg.)*
Strafvollzug in den 90er Jahren
Perspektiven und Herausforderungen. Festgabe für Karl-Peter Rotthaus
Band 3, 1995, 260 S., ISBN 3-8255-0029-2, 68,– DM / 496,– öS / 62,– sFr

➲ *Weber, Florian*
Gefährlichkeitsprognose im Maßregelvollzug
Entwicklung sowie Reliabilitätsprüfung eines Prognosefragebogens
als Grundlage für Hypothesenbildung und langfristige Validierung
von Prognosefaktoren
Band 4, 1996, 140 S., ISBN 3-8255-0056-X, 58,– DM / 423,– öS / 52,50 sFr

zusätzlich:
➲ *Weber & Leygraf:*
Prognosefragebogen nach Weber & Leygraf
1996, 12 S., ISBN 3-8255-0164-7, 100,– DM / 730,– öS / 90,– sFr
(1 Einheit = 50 Fragebögen)

➲ *Rassow, Peter*
Bibliographie Gefängnisseelsorge
Band 5, 1998, 300 Seiten, ISBN 3-8255-0196-5, 59,80 DM / 437,– öS / 54,– sFr

➲ *Ommerborn, Rainer / Schuemer, Rudolf*
Fernstudium im Strafvollzug
Band 6, 1999, 244 S., ISBN 3-8255-0232-5, 49,80 DM / 364,– öS / 46,– sFr

➲ *Lösel, Friedrich / Pomplun, Oliver*
Jugendhilfe statt Untersuchungshaft
Eine Evaluationsstudie zur Heimunterbringung
Band 7, 1998, 196 S., ISBN 3-8255-0247-3, 59,80 DM / 437,– öS / 54,– sFr

CENTAURUS VERLAG

◐ *Pecher, Willi*
Tiefenpsychologisch orientierte Psychotherapie im Justizvollzug. Eine empirische Untersuchung der Erfahrungen und Einschätzungen von Psychotherapeuten in deutschen Gefängnissen
Band 8, 1999, 300 + X S., ISBN 3-8255-0234-1, 59,80 DM / 437,– öS / 54,– sFr

Neuauflage in Vorbereitung
◐ *Bundesarbeitsgemeinschaft der Lehrer im Justizvollzug (Hg.)*
Justizvollzug & Pädagogik.
Tradition und Herausforderung
Band 9, 2. Auflage 2001, 200 S., ISBN 3-8255-0270-8, 39,80 DM / 291,– öS / 37,– sFr

◐ *Walther, Jutta*
Möglichkeiten und Perspektiven einer opferbezogenen Gestaltung des Strafvollzugs
Band 10, 2001, ca. 330 S., ISBN 3-8255-0303-8, ca. 70,– DM / 511,– öS / 63,50 sFr

◐ *Rehn, Gerhard / Wischka, Bernd / Lösel, Friedrich / Walter, Michael (Hg.)*
Behandlung „gefährlicher Straftäter"
Grundlagen, Konzepte, Ergebnisse
Band 11, 2001, 420 S., ISBN 3-8255-0315-1, 69,80 DM / 504,– öS / 62,50 sFr

◐ *Mandt, Brigitte*
Die Gefährdung öffentlicher Sicherheit durch Entweichungen aus dem geschlossenen Strafvollzug. Eine empirische Untersuchung am Beispiel des Landes Nordrhein-Westfalen in den Jahren 1986 – 1988
Band 12, 2001, 350 S., ISBN 3-8255-0321-6, ca. 65,– DM / 475,– öS / 59,– sFr

◐ *Böhmer, Mechthild*
Forensische Psychotherapieprozeßforschung. Eine Einzelfallstudie
Band 14, 2001, 140 S., ISBN 3-8255-0336-4, ca. 40,– DM / 392,– öS / 37,– sFr

◐ *Zabeck, Anna*
Funktion und Entwicklungsperspektiven ambulanter Sanktionen
Ein Rechtsvergleich zwischen England/Wales und Deutschland
Band 14, 2001, 380 S., ISBN 3-8255-0334-8, ca. 70,– DM / 511,– öS / 63,50 sFr

CENTAURUS VERLAG